GRAMMAIRE FRANÇAISE

Nicole McBride

HACHETTE
Livre
Français langue étrangère
58, rue Jean-Bleuzen, 92170 VANVES

Préface

Cette grammaire se présente à la fois comme un outil de référence, et comme un guide d'apprentissage de « savoir-faire » de la communication quotidienne.

Elle permet, en deux parties distinctes, différents accès aux formes et usages grammaticaux :

- LES OUTILS GRAMMATICAUX (pp. 5-71) sont un **mémento alphabétique**, une petite grammaire de référence qui fournit des « outils » pour écrire et pour parler.

- DES PAGES POUR... (pp. 72-106) regroupent structures et pratiques langagières autour d'une fonction communicative.

- **Les tableaux de conjugaison** (pp. 108-113) présentent tous les temps de 36 verbes usuels du français.

- Une liste de **constructions verbales** (pp. 114-121) donne les constructions avec exemples de plus de 200 verbes français.

- **Un index** détaillé (pp. 122-128) réunit notions et termes grammaticaux en pages finales.

Elle comprend des rubriques régulières :

- **À RETENIR** pour insister sur certaines difficultés de la langue française.
- *Pas facile...* pour en savoir plus.
- *D'une phrase à l'autre* pour aller au-delà de la phrase.
- **À vous !** pour faciliter un apprentissage autonome (activités communicatives avec corrigés).
- **Oral**, **écrit**, *langue familière* et *langue soutenue* pour différencier les usages.

Écrit dans une langue simple, avec de nombreux exemples et renvois, cet ouvrage pratique s'adresse à tous ceux – étudiants, adultes et adolescents – qui veulent développer ou réactiver leur connaissance du français à différents niveaux de l'apprentissage.

L'auteur.

Couverture : Alain Vambacas
Dessins : Pronto
Composition et maquette : Mosaïque

ISBN : 2 01 15 5086 6
© Hachette Livre 1997 – 43, quai de Grenelle, 75905 Paris Cedex 15.

Sommaire

LES OUTILS GRAMMATICAUX

DES PAGES POUR ...

LES OUTILS GRAMMATICAUX

▶ *A* ou *à* ?

Avec un accent, c'est une préposition :
Allons à la plage. Julie apprend à lire. C'est facile à comprendre. Une glace à la vanille.
Des patins à roulettes.
Sans accent, c'est le verbe *avoir* : *On a gagné. Il y a du monde.*

voir *avoir*, AUXILIAIRE, CONSTRUCTIONS VERBALES, PRÉPOSITIONS

À RETENIR
Si on peut remplacer *a* par *avait*, c'est le verbe *avoir* : il n'y a pas d'accent.

▶ *À, au, aux*   voir *de, du, des*

à + le s'écrit toujours *au*, *à + les* s'écrit toujours *aux*

au	= à + le	*au* supermarché, *au* cinéma
aux	= à + les	*aux* soldes (masc.), *aux* États-Unis (masc.)

Mais on écrit : *à + la* ou *à + l'*

à la	à la poste, à la maison
à l'	à l'hôpital (masc.), à l'université (fém.)

▶ *À* ou *chez* ?

à + un nom de lieu :
à la boulangerie, à la plage, au salon de coiffure, au café, au restaurant.

chez + un nom renvoyant à une personne (ou à son métier) :
chez des amis, chez Julie, chez moi, chez le coiffeur, chez le médecin.

▶ *Accent*

– **L'accent aigu** : *é*. C'est l'accent le plus utilisé.
l'été, du thé, Amitiés (à la fin d'une lettre), *c'est fermé* (terminaison du participe
passé pour les verbes en *-er, travailler : travaillé*)
– **L'accent grave** : *è, à, où*   voir *à* ou *a ?, ou* ou *où ?*
la boulangère (mots féminins se terminant par -ère), *ma mère, j'achète*
Où vas-tu ? à Paris.
– **L'accent circonflexe** : *ê, î, â, ô, û*   voir *dû* ou *du ?*
c'est la fête, un arrêt, l'hôtel, une île, une boîte, des pâtes, bien sûr.

À RETENIR

✔ Jamais d'accent sur un *e* suivi d'une consonne double *(un verre, jette)*, d'un *x (exercice)*, d'un *s* + consonne *(espace)* ou d'une consonne finale *(sec)*.

✔ L'accent circonflexe distingue l'adjectif possessif ***notre*** *(vélo)* du pronom possessif **le *nôtre*** (bouche plus arrondie). On le trouve aux 1ʳᵉ et 2ᵉ pers. du pluriel au passé simple *(nous vîmes)* et à la 3ᵉ pers. du singulier au subjonctif imparfait *(il fût)*.

✔ La prononciation dépend de la région d'origine et quelquefois de l'âge du locuteur. Dans le Nord et à Paris, on fait une différence entre *la* **côte** *bretonne* (bouche arrondie) et *la* **cote** *en Bourse* (bouche plus ouverte). Pour le *â*, la bouche est plus ouverte mais certains Français ne font pas la différence. L'accent ne change pas la prononciation du *i* ou du *u*.

– **Le tréma : ë, ï.** S'il y a un tréma sur une voyelle, on la prononce séparément : *Noël, Loïc* (le *o* et le *i* sont prononcés séparément dans [loik], mais pas dans *loi* [lwa])

voir *g, ge* ou *gu* **?**

– **La cédille : ç** (se prononce comme [s]) : *Ça va ? Tu as reçu une lettre ?* Sans cédille, on prononcerait [k] comme dans *car* [kar], *reculer*.

> *Pas facile...*
> Si je dis de quelqu'un : « Il a un accent », c'est un accent étranger ou bien l'accent du midi, l'accent alsacien, l'accent du nord..., ça renvoie à sa façon de prononcer les mots et à la mélodie de ses phrases.

▶ *Accord*   voir *ADJECTIFS, MASCULIN, FÉMININ, PLURIEL, DÉTERMINANTS*

L'accord se fait entre le nom, le déterminant et le(s) adjectif(s) et entre le nom et le verbe. Il y a des questions auxquelles il faut pouvoir répondre quand on parle ou on écrit le français : Quel genre : féminin ou masculin ? Quel nombre : singulier ou pluriel ? Quelle personne : 1ʳᵉ, 2ᵉ ou 3ᵉ ?

Accord entre le déterminant et le nom

DÉTERMINANT	MASCULIN SINGULIER	NOM MASCULIN SINGULIER	FÉMININ SINGULIER	NOM FÉMININ SINGULIER
	le *un* *mon* *ce*	*département,* *théâtre, marché* *vélo, ami, père* *train, restaurant*	*la* *une* *ma* *cette*	*région, salle* *musique* *voiture, mère* *ville, école*
DÉTERMINANT	PLURIEL	NOM MASCULIN PLURIEL	PLURIEL	NOM FÉMININ PLURIEL
	les, des *mes* *ces*	*travaux* *voyages* *garçons*	*les, des* *mes* *ces*	*lampes* *vacances* *filles*

À RETENIR

Au pluriel, le déterminant est le même pour le masculin et le féminin.

Accord entre le déterminant, le nom et l'adjectif

GENRE ET NOMBRE	ACCORD ENTRE LE DÉTERMINANT, LE NOM ET L'ADJECTIF		GENRE ET NOMBRE
masc. + sing.	*un passeport européen*	*l'Union Européenne*	**fém.+ sing.**
masc., sing.	*le drapeau français*	*la nationalité française*	fém., sing.
masc., sing.	*un village provençal*	*la cuisine provençale*	fém., sing.
masc., sing.	*bon anniversaire*	*bonne année, bonne fête*	fém., sing.
masc. + plur.	*les grands magasins*	*les grandes vacances*	**fém. + plur.**
masc., plur.	*les journaux régionaux*	*les nouvelles régionales*	fém., plur.

À RETENIR

✔ Après deux noms féminins, l'adjectif est au féminin pluriel :
la cuisine (fém.) *et la tradition* (fém.) *françaises* (fém., pluriel).

✔ Après deux noms masculins ou deux noms de genres différents (un masculin et un féminin), l'adjectif est au masculin pluriel :
Les administrations (fém.), *les banques* (fém.) *et les commerces* (masc.) *seront fermés* (masc. pluriel) *pour les fêtes.*

✔ Après *c'est* l'adjectif est toujours au masculin singulier : *C'est **bon**.*
C' peut renvoyer à *un gâteau, une glace, des escargots* (masc., pluriel) ou encore *des huîtres* (fém., plur.).

✔ Les adjectifs de couleur ne s'accordent pas :
– s'ils sont modifiés par un autre adjectif : *Elle a acheté des rideaux bleu foncé.*
– s'ils viennent d'un nom de plante ou de fruit comme *marron, orange, cerise… :*
Elle a les yeux marron (MAIS : *Elle a les joues roses*).

✔ *Demi* ne s'accorde pas devant un nom : *une demi-heure* (30 minutes).
Après un nom, *demi* s'accorde seulement en genre (fém., masc.) : *six heures et demie.*

Accord du participe passé   voir *AUXILIAIRES*

– Verbes utilisant l'auxiliaire **ÊTRE** : le participe s'accorde (comme un adjectif) avec le sujet : *Elle* (sujet fém. sing.) *est tombée. Ils* (masc., plur.) *sont arrivés les premiers. Toutes tes photos* (fém. plur.) *sont réussies.*

– Verbes utilisant l'auxiliaire **AVOIR** : le participe s'accorde en genre et en nombre avec le complément d'objet direct si celui-ci est placé devant le verbe :
Elle a bougé. (pas de complément d'objet direct : pas d'accord)

Elle a pris des photos. (*photos* : le complément d'objet direct, fém., plur. vient après *pris* : pas d'accord).

Toutes les photos qu'elle a prises sont dans l'album. (*photos* : le complément d'objet direct vient avant le verbe : accord).

> ### *Pas facile...*
> **Les verbes pronominaux** (*se* + infinitif) utilisent l'auxiliaire ÊTRE.
> ✔ Le participe passé s'accorde avec le sujet seulement si *se* est complément d'objet direct :
> *Ils se sont rencontrés* (Ils ont rencontré *qui ? se* : objet direct).
> *Elle s'est maquillée* (Elle a maquillé *qui ? s'* : objet direct).
> ✔ Si le verbe, quand il n'est pas à la forme pronominale, est normalement suivi d'un complément d'objet indirect (ex. : *plaire à* quelqu'un, *parler à* quelqu'un), *se* est un complément d'objet indirect et il n'y a pas d'accord : *Ils se sont plu. Elles se sont parlé.*
> ✔ Si le verbe pronominal est suivi d'un nom qui est complément d'objet direct, *se* est automatiquement un complément d'objet indirect et il n'y a pas d'accord :
> *Elle s'est maquillé les yeux* (*les yeux* : objet direct, *s'* : objet indirect).

Accord entre le verbe et son sujet (généralement nom ou pronom)

L'accord dépend de la personne (1re, 2e ou 3e) et du nombre (singulier ou pluriel) : *je, tu, il, elle, on, ce, nous, vous, ils, elles.*
Le train arrive. Nos amis arrivent. Tu viens. Nous venons...

Voir CONJUGAISON

> ### *D'une phrase à l'autre*
> L'accord en genre, nombre et personne permet de relier une phrase à une autre.
> *En France, dès 16 ans, **votre enfant** peut bénéficier de l'apprentissage anticipé de la conduite. Après une formation d'une vingtaine d'heures dans une auto-école agréée, **il** pourra prendre le volant et circuler sur la route avec vous ou toute autre personne titulaire de son permis et âgée d'au moins 28 ans. À 18 ans et après 3 000 kilomètres de conduite, **il** passera **son** permis.*

▶ Adjectifs

L'adjectif est un mot qui donne une information sur quelqu'un ou quelque chose. Il vient :
– avant ou après le nom : *un **bon** restaurant, un hôtel **confortable***
– après les verbes *être, sembler, devenir, paraître* : *La pièce est **spacieuse**, le quartier semble **agréable**,* ou seul, dans une exclamation : ***Formidable !***
Il s'accorde en genre (masculin, féminin) et en nombre (singulier, pluriel) avec le nom.

voir ACCORD

Comment former le féminin des adjectifs ?

ÉCRIT	ÉCRIT			ORAL
MASCULIN SE TERMINANT PAR	FÉMININ			ÇA CHANGE ?
-e	un devoir facile	ne change pas	une question facile	non
autre voyelle	un joli sourire un homme divorcé	+e	une jolie bouche une femme mariée	non
-r, -al	un restaurant cher le drapeau national	+e	une place chère la route nationale	non
-c	un jardin public un vent sec	-que -che	une place publique la saison sèche	non oui
-x	un couple heureux MAIS : doux	-se	une enfance heureuse douce	oui
-eur -teur	le réglement intérieur un résultat trompeur un sourire séducteur	-eure -euse -trice	la politique intérieure une lumière trompeuse une femme séductrice	non oui oui
-eau	un nouveau modèle	-elle	une nouvelle voiture	oui
autre consonne	un parking gratuit un film très long un grand jardin	+e	une entrée gratuite une chaise longue une grande maison	oui + [t] [g] [d]

Pas facile... Une ou deux consonnes ?

Un ou deux « l » ?

MASCULIN	FÉMININ		
-iel	-ielle	un discours présidentiel	une élection présidentielle
-el	-elle	des produits naturels	des couleurs naturelles
-il, -al...	-ile, -ale...	civil, mondial, national	civile, mondiale, nationale
		MAIS : gentil, nul	gentille, nulle

Un ou deux « n » ?

MASCULIN	FÉMININ		
-on	-onne,	bon voyage	une bonne idée
-ien, en	-ienne, enne	parisien, lycéen	parisienne, lycéenne
-an, -in,	-ane, -ine	occitan, plein, prochain	occitane, pleine, prochaine
-ein, -ain	-aine	MAIS : paysan	paysanne

Un ou deux « t » ?

MASCULIN	FÉMININ		
-et	-ette,	un film muet, prix net	une carte muette, une pièce nette
-et	-ète	inquiet, complet, discret	inquiète, complète, discrète

✔ Si le masculin se termine par un *f*, le féminin est en *-ve* :
un enfant sportif, elle est très sportive ; un béret neuf ; une casquette neuve

✔ Une nouvelle consonne apparaît au féminin :
un drapeau blanc, une voile blanche ; un vent frais, une boisson fraîche.

✔ **-gu** : on ajoute un **e** + tréma au féminin pour entendre le son u : *aiguë, ambiguë.*

✔ Quand le mot est un emprunt récent, souvent l'adjectif ne change pas :
un plan cool, une idée cool.

Comment former le pluriel des adjectifs ?

ÉCRIT			ORAL
SINGULIER		PLURIEL	ÇA CHANGE ?
-s, -x *gris, heureux*			non
-e, -i, -u *heureuse, joli, pointu, facile*	**s**	*heureuses, jolis, pointus, faciles*	non
-eau *beau, nouveau*	**x**	*beaux, nouveaux*	non
-al *national, oral*	**aux**	*oraux, nationaux*	**oui** : [al] / [o]

Où placer l'adjectif ?

– La plupart des adjectifs viennent après le nom :
un feu rouge, une personne sympathique, un film policier...

– Quelques adjectifs très fréquents viennent avant le nom :
autre, beau, bon, cher, dernier, faux, grand, gros, joli, mauvais, même, nouveau, pauvre, petit, premier, vieux, vilain.
*un **beau** bébé, un **bel** enfant, un **gros** chagrin*
*un **vieux** copain, un **vieil** ami, une **vieille** amie*
*la **première** classe, la **dernière** édition*
*une **bonne** idée, le **même** problème, une **autre** chance*
*un **nouveau** livre, un **nouvel** immeuble, de **grands** travaux*

> **Pas facile...**
>
> Devant un mot masculin qui commence par une voyelle :
> *vieux* devient *vieil. nouveau* devient *nouvel. beau* devient *bel.*
>
> **À l'écrit**, devant un adjectif, *des* devient *de* :
> *Avec la carte Jeunes, les 15-25 ans bénéficient de diverses réductions.*
>
> **Dans la langue parlée familière** on entend souvent *des* : « *Ils ont des bonnes places.* »

– Certains adjectifs changent de sens selon qu'ils sont placés avant ou après le nom. Avant le nom, ils ont souvent un sens figuré.

ancien	*un meuble ancien* (vieux)	*un ancien employé* (il ne l'est plus)
certain	*un résultat certain* (sûr)	*un certain âge* (pas jeune, 40-50 ans)

cher	*un restaurant cher* (≠ bon marché)	*cher ami* (au début d'une lettre)
dernier	*la semaine dernière* (précédente)	*le dernier billet* (après, il n'y en a plus)
dur	*un lit dur* (ferme, ≠ mou)	*un dur travail* (difficile)
fort	*un homme fort* (≠ faible)	*une forte fièvre* (élevée)
grand	*un homme grand* (≠ petit)	*un grand homme* (important)
nouveau	*le beaujolais nouveau* (récolte de cette année)	*ma nouvelle voiture* (elle n'est peut-être pas récente)
pauvre	*une famille pauvre* (≠ riche)	*un pauvre homme* (qui n'a pas de chance)
propre	*un mouchoir propre* (≠ sale)	*vos propres mots* (ce que vous avez dit)

▶ *Adverbes*

voir *tout, tous* ou *toutes ; bon* ou *bien*

Les adverbes sont des mots invariables qui précisent le sens :

– des adjectifs : *Cette chambre est **trop** petite. Ce restaurant est **très** cher. Ce carrefour est **extrêmement** dangereux.*

– des verbes : *Il conduit **bien** / **vite** / **rapidement**.*

– des adverbes : *Il conduit **très** mal / **trop** vite / **vraiment** dangereusement. Je vais **beaucoup** mieux. C'est **bien trop** petit.*

– ou encore des énoncés : ***Finalement**, il n'a pas pu venir.*

Comment former les adverbes ?

On ajoute **-ment** à la forme féminine de l'adjectif : *lente-ment, folle-ment, vive-ment, exacte-ment.* MAIS : *brièvement (brève).*

Pas facile...

✔ Avec les adjectifs qui se terminent par une voyelle *-ai, -e, -i, -u*, la forme masculine est utilisée : *vrai-ment, facile-ment, joli-ment, éperdu-ment.*

✔ Avec les adjectifs qui se terminent par *-ent* ou *-ant*, l'adverbe se termine par *-emment* ou *-amment* : *évidemment (évident), récemment (récent), prudemment (prudent), constamment (constant), méchamment (méchant), brillamment (brillant).* Dans les deux cas, on prononce « a-ment ». MAIS : *lentement (de lent), présentement (de présent)* se prononcent « e-ment ».

✔ Avec les adjectifs dérivés de participes passés, on ajoute le suffixe *-ément* : *précisément, assurément* MAIS aussi : *obscurément (de obscur), aveuglément, énormément, profondément.*

Certains **adjectifs** s'emploient comme adverbes. Ils sont alors invariables :
*Cette fleur sent **bon**... Elle chante **faux**...Ils ont travaillé **dur**... Votez **utile** !*

Les adverbes expriment :
– la quantité, l'intensité : *peu, pas beaucoup, pas assez, guère*
beaucoup, bien, assez, pas mal (familier)
très, trop, tout, tant, tellement, plus, davantage, moins, autant, si
– la manière : *bien, mal, vite, tout à fait, ensemble, exprès, plutôt, volontiers...*
– la conséquence : *alors, par conséquent, ainsi*
– le lieu : *dedans, dehors, dessus, dessous, devant, derrière, partout, loin, près, ici, là,
là-bas, ailleurs, autour, contre, où*
– le temps : *après, demain, aujourd'hui, maintenant, hier, avant, alors, depuis,
d'abord, ensuite, enfin, tout de suite, puis, quelquefois, parfois, souvent, toujours,
aussitôt, bientôt, encore, déjà, soudain, tôt, tard, longtemps, quand...*
– la certitude ou le doute : *bien sûr, certes, sans doute, peut-être, certainement*
– la négation : *ne, pas, plus, jamais, guère*

À RETENIR

✔ ***Très*** ne s'emploie jamais devant ***beaucoup*** :
*J'ai vraiment **beaucoup** aimé. Merci **beaucoup**.*
✔ Quand ***un, une, du, de la, des*** sont précédés d'un adverbe de quantité *(beaucoup,peu,
assez)* ou d'un adverbe de négation *(pas, plus, jamais)*, ils sont remplacés par ***de*** :
*Tu as beaucoup **de** travail ? (= du travail)*
*Tu veux un peu **de** confiture ? (= de la confiture)*
*Ils n'ont pas **d'**enfant. (= un enfant)*

Où placer l'adverbe ?

En général après le verbe et, quand le verbe est composé, après l'auxiliaire :
*Vous parlez **trop vite**. Elle parle **couramment** le français.*
*Nous étions **bien** placés. Nous avons **beaucoup** ri. Je n'ai pas **bien** compris.*

Pas facile...

✔ Si l'adverbe exprime le temps *(hier, aujourd'hui, tard...)* ou le lieu *(là-bas, ici...),*
il vient après le participe passé d'un temps composé :
*Elle est arrivée **tard**. Nous nous sommes retrouvés **là-bas**.*
✔ De même, certains adverbes de manière viennent après le verbe (et son complément) :
*Elle a parlé **très doucement**. Il a traversé la rue **lentement**.*

✔ Les adverbes qui expriment une modalité (certitude, doute) se placent souvent au début ou à la fin de la phrase : **Naturellement**, *ils vont gagner. Ils ont gagné **bien sûr**.*
Peut-être et **sans doute,** quand ils sont en tête de phrase, sont suivis d'une inversion : *Sans doute restera-t-elle manger.*
Il est peut-être venu. ou *Peut-être est-il venu.* (ou : *Peut-être **qu'**il est venu.*)

D'une phrase à l'autre
Les adverbes peuvent établir un lien entre deux phrases :
Cet été, pour vous, Paris sera vert clair… Couleur ticket ! **En effet**, *la RATP s'est mise en tête de vous emmener dans mille et une balades, fêtes et autres bons plans, d'un bout à l'autre de Paris, et même plus loin. Et vous qui pensiez vous reposer !* **Alors**, *en solo, en duo, en famille ou entre amis, usez et abusez du bus, du métro et du R.E.R.!*   © RATP

voir **POUR RGANISER UN TEXTE**

▶ *Aller*   voir TABLEAUX DE CONJUGAISON

– **Aller** est généralement accompagné d'un complément de lieu ou d'un adverbe :
*Nous allons **au cinéma**. Vous allez **à Paris** ? J'y vais. Tu vas **trop vite**.*

– **Aller** s'utilise comme auxiliaire du futur proche : *aller + infinitif :*
*Il **va** réserver des places.*
*Nous **allons** passer une semaine à la montagne.*

– **Aller bien / mal** : *Comment allez-vous ? Ça va ?*

– **S'en aller** (= partir) : *Va-t'en vite. Je m'en vais tout de suite.*

À RETENIR

✔ Le complément peut être remplacé par le pronom **y** :
*Il **y** va. Nous **y** allions tous les jours.*
Mais au futur ou au conditionnel, le pronom **y** n'est jamais utilisé :
Il ira. Vous iriez si…
Cela évite sans doute de prononcer deux [i] l'un à côté de l'autre.

✔ Comme auxiliaire, **aller** ne s'utilise qu'au présent ou à l'imparfait :
*Elles **vont** vous écrire. Nous **allions** juste partir…*

▶ *Articles*

voir *DÉTERMINANTS*

Les articles sont des déterminants. Ils indiquent le genre et le nombre des noms qu'ils précèdent. Il y a trois types d'articles :

ARTICLES DÉFINIS		ARTICLES INDÉFINIS		ARTICLES PARTITIFS	
le	*le gardien*	*un*	*un autobus*	*du*	*du vin, du sucre*
la	*la clé (de l'appartement)*	*une*	*une place*	*de la*	*de la bière*
l'	*l'avion, l'heure*			*de l'*	*de l'eau*
les	*les renseignements*	*des*	*des enfants*		

On utilise *l'*, *d'* devant un mot commençant par une voyelle ou un *h* muet.

Quand utiliser les articles ?

POUR RENVOYER À...	LE, LA, LES, L', ARTICLES DÉFINIS
quelque chose de défini.	*le livre (que tu m'as donné) (de Paul).* *Achète le journal. Le déjeuner est prêt.*
quelque chose ou quelqu'un d'unique.	*le soleil, la province, l'impressionnisme* *le Premier ministre, le Président*
un pays, une langue	*l'Europe, la France, le Canada* (MAIS : *Israël, Chypre*). *J'apprends le japonais.*
un groupe, l'ensemble de… On utilise généralement le pluriel.	*Elle adore les enfants.* *Les Français vont voter dimanche.*
une catégorie d'objets, de personnes, de lieux. On utilise généralement le singulier.	*Vous prenez l'avion ? Adressez-vous au directeur.* *Il est entré à l'hôpital.*
une maladie après le verbe *avoir*.	*Il a la grippe* (MAIS : *il a un rhume*). *Nos enfants ont eu les oreillons et la varicelle.*
une partie du corps (après *avoir mal à*, ou après un verbe pronominal)	*Elle a mal à la tête.* *Il se ronge les ongles.*
une expression de temps et pour indiquer une répétition (+ singulier). même sens avec *toutes* ou *tous* (+ pluriel).	*Téléphonez le soir après 8 heures. (= tous les soirs)* *Nous allons au cinéma toutes les semaines.*
une unité de mesure (quantité, poids…).	*Ce train fait 300 kilomètres à l'heure.* *C'est 10 F le kilo / le litre / les cent grammes.*

POUR RENVOYER À...	UN, UNE, DES, ARTICLES INDÉFINIS
quelque chose ou quelqu'un de non défini (on n'en a pas encore parlé).	*Un jeune homme a laissé **un** paquet pour vous.*
une personne, un objet parmi d'autres.	*Trois Français sur quatre ont **une** voiture.* *Vous voulez **un** sandwich ? J'appelle **un** vendeur.*
après *c'est*. Après *il / elle est* il n'y a pas d'article.	*C'est **un** professeur, c'est **une** artiste.* MAIS : *Elle est dentiste.*

Pas facile...
On dit : *Vous avez le téléphone ? la télévision ?* (renvoie à l'accès à la technologie)
MAIS : *Vous avez un lave-vaisselle ? un ordinateur ?* (renvoie à l'appareil)

POUR RENVOYER À...	DU, DE L', DE LA, ARTICLES PARTITIFS
quelque chose qui ne se compte pas.	*Il faut **de la** farine, **du** beurre et **de** l'eau...* *Tu as eu **de la** chance.*
une activité (*faire* + ...)	*Il fait **du** sport, **de la** guitare et **de la** politique.*

VOIR DÉTERMINANTS : *cas où il n'y a pas de déterminants.*

D'une phrase à l'autre
Le choix d'un déterminant permet d'indiquer si quelque chose est nouveau ou déjà connu dans un texte. Ainsi, l'article indéfini introduit ce qui est nouveau, l'article défini ou le démonstratif introduisent un objet ou une personne déjà mentionné : *Un paquet suspect a été signalé. L'objet se trouve dans une poubelle...*

▶ *Aspect*

Ce sont les différents moments d'une action exprimés par un verbe ou un temps :

...... action non accomplie......

intention	début	déroulement	fin	action accomplie
1 →	**2** →	**3** →	**4** →	**5**

- *aller* + inf.   Il va pleuvoir. **1**
- *être sur le point de* + inf.
- *commencer à* + inf.   Il commence à pleuvoir. **2**
- *se mettre à* + inf.   Il se met à pleuvoir. **2**
- présent   Il pleut. **3**
- *être en train de* + inf.   Il est en train de pleuvoir. **3**
- *finir de* + inf.   Il a fini de pleuvoir. **4**
- *venir de* + inf.   Il vient de pleuvoir. **5**
- passé composé   Il a plu. **5**
- imparfait   ... il pleuvait, il pleuvait, il pleuvait...

Le présent peut renvoyer :
– à une action en train de se dérouler : *Ils regardent un film à la télévision.*
– à une intention : *Je pars tout de suite.*

▶ *Auxiliaires* voir ACCORD, avoir, être, aller

Être et *avoir* sont utilisés devant un participe passé pour former les temps composés : *Tu **as** compris ? Je **serais** venu(e) si j'**avais** pu.*

Aller + infinitif est utilisé pour exprimer le futur proche : *Je **vais** téléphoner.*

Être ou *avoir*, quel auxiliaire choisir ?

Cela dépend du verbe.

• *Être* est utilisé comme auxiliaire avec :

– les verbes de mouvement quand ils sont intransitifs (pas d'objet) :
aller, arriver, entrer, venir, monter, descendre, partir, revenir, repartir, rentrer, retourner, tomber, rester, sortir, venir MAIS pas : *courir, sauter.*

– les verbes exprimant un changement d'état : *mourir, naître, décéder, devenir.*
Il est né le 14 juillet 1980.

– les verbes pronominaux (*se* + verbe) : *Tu t'**es** trompé(e). Ils se **sont** regardés.*

– les verbes au passif : *Le voleur **a été** arrêté.*

• *Avoir* est utilisé avec les autres verbes :

*J'**ai** mangé. Tu **as** lu le journal. Il **a** bien couru. Nous **avons** beaucoup marché. Vous **avez** acheté du pain. Elles **ont** visité le musée.*

Les verbes de mouvement s'emploient avec *avoir* s'ils sont transitifs (+ complément d'objet direct) ou avec *être* s'ils sont intransitifs (pas de complément d'objet direct):

VERBES TRANSITIFS	VERBES INTRANSITIFS
*Il **a monté** la valise au premier étage.*	*Je **suis monté(e)** au premier étage.*
*Elle **a descendu** l'escalier.*	*Il **est descendu** au sous-sol.*
*Il **a retourné** la crêpe deux fois.*	*Il **est retourné** dans son village natal.*
*Ils **ont sorti** le chien avant le repas.*	*Il **est sorti** avant de manger.*
*Il va pleuvoir, tu **as rentré** le linge ?*	*Elle **est rentrée** du travail à 5 heures.*

▶ *Avoir*

voir *AUXILIAIRES*, **TABLEAUX DE CONJUGAISON**

Ce verbe est très utilisé : *Tu as quel âge ? J'ai 25 ans.*
J'ai un mari, deux enfants, un chien et trois poissons rouges.

– dans des locutions :
J'ai faim, sommeil, soif, peur, chaud, froid, raison, tort.
J'ai mal (à la tête, au cœur, au genou...).
J'ai envie de dormir. Nous avons besoin de temps.
Il a de la chance. J'ai du mal à comprendre.
Vous avez le temps de, la possibilité de, l'habitude de, l'impression que...
La prochaine réunion aura lieu à Montpellier.

– comme auxiliaire pour la majorité des verbes : *Elle **a** gagné. Nous **avons** écrit.*
*Ils **ont** marché. On n'**a** rien entendu...*
– pour exprimer une obligation : *J'ai des courses à faire* (= je dois...)
– pour exprimer un conseil : *« tu n'as qu'à... »*
Tu n'as qu'à téléphoner. (= *Téléphone !*)   voir *ne, ne...que*

▶ *Bon* ou *bien ?*

Bon est un adjectif :
*C'est une **bonne** idée.* (devant un nom : adjectif)
Bien est un adverbe qui est toujours invariable :
*Tu vas **bien** ? Je suis **bien** contente.* (après un verbe, devant un adjectif = adverbe)

> *Pas facile...*
> *C'est **bon*** (adjectif) = *C'est juste* (pour un calcul) ; ou bien = *j'aime ce plat.*
> *Ça sent **bon*** (l'adjectif ***bon*** est utilisé comme adverbe après un verbe).
> *C'est **bien*** (adverbe) = *Tu as bien travaillé.*

▶ *C* ou *ç ?*

voir *g, ge* ou *gu ?*

C se prononce [k] devant *a, o* ou *u* :
*camion, corps, **c**onseil, **cu**vette*

Il faut un *ç* (*c* cédille) pour entendre [s] devant *a, o* ou *u* :
ça va, façon, reçu

Le *c* (sans cédille) se prononce [s] devant *i* et *e* :
merci, ici, ce, avancez.

À retenir

Les verbes qui se terminent par *-cer* à l'infinitif ont besoin d'un *ç* devant *a*, *o* ou *u* pour conserver la même prononciation à toutes les personnes :

annoncer, avancer, commencer, lancer, menacer, placer, prononcer, tracer

C'est vrai aussi pour *décevoir, percevoir, recevoir…*

Commençons ! La météo annonçait de la pluie… Le spectacle nous a déçus.

▶ *Ce* ou *c'* devant une voyelle   voir *DÉMONSTRATIFS*

– Devant le verbe *être* pour identifier quelque chose ou quelqu'un :
C'est l'heure. C'est un ami. Ce sont des spécialités du pays.

ou pour porter un jugement :
C'est bon. C'est trop grand. C'est bien que tu sois venu.

– Devant un pronom relatif :
Ce que je cherche, c'est un petit studio dans le centre ville.
Prends tout ce qui t'intéresse.

D'une phrase à l'autre

On a tendance – surtout **à l'écrit** – à utiliser la construction impersonnelle :
il est + adjectif *que…* pour relier deux phrases en une :
Il est évident que tu es fatigué(e).

S'il y a deux phrases, *c'est* est utilisé :
Tu es fatigué(e). C'est évident.   voir *IMPERSONNELS*

▶ *Ceci, cela / ça*   voir *DÉMONSTRATIFS*

Ce sont des pronoms démonstratifs : *Ça* s'utilise beaucoup **à l'oral**.
Cela s'utilise plutôt **à l'écrit**. *Ceci* est assez rare.
Ça me plaît beaucoup. Ça te fait mal ? Ne fais pas ça. Ne dites pas cela.
Tout ceci est bien triste.

D'une phrase à l'autre

Ça, un petit mot qui peut remplacer toute une phrase :
J'ai une carte d'étudiant. C'est pour ça que j'ai eu une réduction.

▶ *Complément d'objet*

Certains verbes peuvent être suivis d'un ou de plusieurs noms compléments d'objet.

– Un seul complément d'objet :
• Il vient directement après le verbe, c'est un objet direct :
*Je voudrais **une baguette**, s'il vous plaît. Allons voir **ce film**. Tu connais **Jessica** ?*
• Il vient après une préposition, c'est un objet indirect. Les deux prépositions les plus souvent utilisées sont *à* et *de* :
Elle téléphone <u>à ses parents</u>. Il parle <u>de son travail</u>.

– Deux compléments d'objet : seul un des deux vient après le verbe sans préposition : *Laisse **tes clés** (objet direct) <u>à Paul</u> (objet indirect).*

voir CONSTRUCTIONS VERBALES

À RETENIR

✔ Si le complément n'est pas un nom mais un pronom, il vient avant le verbe :
*Je **vous** téléphonerai. **Me** téléphoneras-tu ?*
sauf à l'impératif : *Donne-**moi** ton adresse. Donne-**la moi**.*

✔ Les pronoms, compléments d'objet indirect, ne sont généralement pas précédés de préposition : *Demande ton chemin **à l'agent**. Demande-**lui** ton chemin.*
MAIS : *Adressez-vous **à cet employé**. Adressez-vous **à lui**.*

voir *PRONOMS PERSONNELS*

▶ *Conditionnel*   voir CONJUGAISON, TABLEAUX DE CONJUGAISON

Pour former le conditionnel présent, on ajoute la terminaison de l'imparfait à l'infinitif du verbe. Si l'infinitif se termine par un *e*, le *e* tombe.

je	trouver	**-ais**	*j'aimerais, je grandirais, je prendrais*
tu	aimer	**-ais**	*tu trouverais, tu lirais*
il / elle	changer	**-ait**	*elle changerait, il maigrirait*
nous	descendr-	**-ions**	*nous voyagerions, nous descendrions*
vous	agir	**-iez**	*vous entreriez, vous agiriez*
ils / elles	boir-	**-aient**	*ils arriveraient, ils boiraient, elles partiraient*

Les verbes irréguliers sont les mêmes qu'au futur.   voir *FUTUR*

Le conditionnel passé est formé de l'auxiliaire *être* ou *avoir* au conditionnel et du participe passé du verbe :
*Tu **aurais** vu. Il **aurait** entendu.*
*Je **serais** venu(e). Vous vous **seriez** levé(es).*

Quand utiliser le conditionnel ?

– Pour une action qui ne se réalisera peut-être pas :
un projet : *Nous pourrions aller voir l'exposition.*
un conseil : *Tu devrais l'appeler...*
quelque chose dont on n'est pas sûr : *L'accident n'aurait fait aucun mort.*

– Pour l'irréel, le rêve : (jeux d'enfants) *Je serais Blanche-Neige et tu serais...*
– Comme forme de politesse : *Vous n'auriez pas une pièce d'un franc ?*
– Après certaines conjonctions :   voir *CONJONCTIONS*
*Prends ton parapluie **au cas où** il pleuvrait.*

– Au discours indirect, pour exprimer un futur dans le passé :
Il a dit qu'il viendrait dès qu'il pourrait.

voir **POUR DIRE QU'ON N'EST PAS SÛR, POUR EXPRIMER UNE CONDITION**

Le conditionnel passé renvoie à quelque chose qui ne s'est pas produit :
Il serait venu (s'il avait pu).

Il exprime un regret (1res personnes) ou un reproche (2es et 3es personnes) :
J'aurais dû lui téléphoner. Tu aurais pu me prévenir. Il aurait pu le dire.

▶ *Conjonctions*

Les conjonctions sont des mots invariables.

– Les conjonctions de coordination relient deux mots, deux propositions, deux phrases : ***mais, ou, et, donc, or, ni, car.***
*Il y a du thé **et** du café. Il te faut un passeport **mais** tu n'as pas besoin de visa.*
*Il n'a pas plu depuis deux mois. Il va **donc** falloir rationner l'eau.*

– Les conjonctions de subordination introduisent des renseignements sur les « circonstances » de l'action.

Elles répondent aux questions *Quand ? Où ? Comment ? Pourquoi ?*

Pour dire *quand* : l'expression du temps

SIMULTANÉITÉ Les deux actions ont lieu en même temps • à un moment précis	***quand*** + indicatif ***lorsque*** ***au moment où*** ***le jour où***	*Téléphonez-nous quand vous arriverez.* *Elle vient lorsqu'elle a un problème.* *Le jour où nous devions partir, il y a eu une grève.*
• répétition	***chaque fois que***	*Chaque fois que j'y vais, il y a la queue.*
• contraste entre deux actions	***comme*** ***tandis que*** ***alors que***	*Comme nous arrivions, le train partait.* *Tandis que je prépare la salade est-ce que tu peux mettre la table ?*
• insiste sur la durée • durée : insiste sur le point de départ • deux actions de même durée	***pendant que*** ***depuis que*** ***tant que*** ***aussi longtemps que***	*J'appelle un taxi pendant que tu te prépares ?* *Depuis qu'elle travaille, elle n'a plus le temps de venir nous voir.* *Vous pouvez rester aussi longtemps que vous voulez.*
ANTÉRIORITÉ L'action de la principale a lieu avant celle de la subordonnée.	***avant que*** + subjonctif ***jusqu'à ce que*** ***en attendant que*** ***d'ici que***	*Je louerai les places avant qu'on y aille.* *J'attendrai jusqu'à ce que tu rentres.* *En attendant qu'il arrive, on pourrait prendre l'apéritif.* *D'ici que ce soit notre tour, on a le temps.*
POSTÉRIORITÉ L'action de la principale a lieu après celle de la subordonnée.	***après que*** + indicatif ***une fois que*** ***aussitôt que*** ***dès que***	*Une fois que j'ai eu des nouvelles, j'ai été soulagée.* *Il s'est couché aussitôt qu'il est rentré.* *Préviens-moi dès que tu arriveras.*
+ inversion (style plus formel)	***à peine... que***	*À peine était-il parti que son appartement a été cambriolé.*

À RETENIR

✔ Conjonctions et prépositions
En attendant, avant, après, au moment sont des conjonctions quand elles sont suivies de « *que* + indicatif / subjonctif ».
Mais quand le sujet de la proposition principale est le même que celui de la subordonnée, elles peuvent être suivies d'un infinitif. Ce sont alors des prépositions : *en attendant de, au moment de, avant de* :
*Tu prépares un café **avant qu'ils partent** ?*   *Vous prenez un café **avant de partir** ?*
Après est généralement suivi de l'infinitif passé : *Après s'être servi, il a passé le plat.*

✔ Le verbe qui suit ***quand, dès que, aussitôt que*** est au futur, quand le verbe de la principale est au futur : *Je te téléphonerai **dès qu'ils arriveront**.*

✔ D'autres façons d'exprimer la durée

Il y a / Ça fait + durée + *que* :   *Il y a dix ans **que** j'habite ici.*

*Ça fait deux ans **que** tu apprends le français ?*

Pour dire *où* : l'expression du lieu   voir **POUR SE SITUER DANS L'ESPACE** ; *ou / où*

LIEU	*où*	*On ira où tu voudras.*
+ indicatif	*là où,*	*On se retrouve là / à l'endroit où nous avions pris un café*
	à l'endroit où	*la semaine dernière.*

À RETENIR

Où peut renvoyer à un lieu : *là où, l'endroit où.*
ou à un moment : *le jour où, le moment où.*

Pour exprimer une condition

CONDITION **pour qu'une** action se réalise :	*si* + présent	*S'il **fait** beau, nous irons nous baigner.*
		*Si tu **as** faim, achète-toi un croissant.*
+ indicatif	+ imparfait	*Si tu **mangeais** moins de gâteaux,*
		tu n'aurais pas besoin de faire de régime.
(pourquoi qqch n'est pas arrivé)	+ plus-que-parfait	*Si tu **étais venu**, tu aurais vu leur nouvel*
		appartement.
+ subjonctif	*à condition*	*Je t'invite à condition que tu te **taises**.*
SUPPOSITION	*au cas où*	*Je reste au cas où tu **aurais** besoin de moi.*
+ conditionnel	*dans l'hypothèse où*	*Dans l'hypothèse où il **viendrait**…*
+ indicatif	*même si*	*Même s'il **change** d'avis, c'est trop tard.*
	excepté si, sauf si	*Nous pique-niquerons sauf s'il **pleut**.*
peu probable : + subjonctif	*à moins que*	*Nous rentrerons à pied à moins que*
		*tu ne **sois** fatigué(e).*
ALTERNATIVE	*que… ou que…* + subjonctif	*Qu'il **pleuve** ou qu'il **neige**, je viens.*

voir **POUR EXPRIMER UNE CONDITION OU UNE SUPPOSITION**

À RETENIR

✔ Quand *si* exprime une condition ou une supposition, il n'est jamais suivi du conditionnel.

✔ Quand deux propositions commençant par *si* sont reliées par *et*, la première est introduite par *si* et la deuxième par *que* ; le verbe qui suit la deuxième est au subjonctif :
Si tu viens et que je ne <u>sois</u> pas là, passe prendre les clés chez le gardien.

Pour exprimer la comparaison   voir POUR COMPARER

ÉGALITÉ OU INÉGALITÉ	*aussi / plus / moins… que*	*Ce n'est pas aussi grand que je pensais.* *Il est arrivé plus/moins tard que prévu.*
ÉQUIVALENCE	*comme si*	*Faites comme si vous ne saviez pas.*

Pour exprimer une opposition, une différence   voir POUR EXPRIMER L'OPPOSITION

CONCESSION	*bien que*	*Bien qu'ils **aient envoyé** leur dossier, ils n'ont pas encore eu de réponse.*
	quoique (formel)	*Il reprend le travail quoique le médecin lui **dise** de se reposer.*
	si / tout + adj. (formel) + subjonctif	*Tout grand qu'il **soit**, il n'a pas pu attraper cette boîte.*
RESTRICTION	*encore que* + subjonctif	*Il faudra donner un pourboire encore que ce ne **soit** pas obligatoire.*
OPPOSITION	*tandis que, alors que* + indicatif	*Tandis que tu t'**amuses**, moi je travaille.*
	au lieu + subjonctif	*Je passerai au lieu que tu **viennes**.*
ASPECT NÉGATIF	*sauf que, à part que* *excepté que* *si ce n'est que* + indicatif	*C'est une bonne voiture excepté qu'elle **consomme** beaucoup d'essence.* *Je serais bien sorti(e) si ce n'est que j'**attends** une livraison.*

Pour exprimer la conséquence   voir POUR EXPRIMER LA CONSÉQUENCE

CONSÉQUENCE	*si bien que* *de sorte que* + indicatif	*Ce film n'était ni doublé ni sous-titré si bien que je n'**ai** rien compris.*
	tellement… que + subjonctif	*Nous avions tellement marché que nous **tombions** de sommeil.*
CONSÉQUENCE qui a été évitée	*sans que* + subjonctif	*Il est sorti sans que personne le **voie**.*

Pour exprimer la cause

voir **POUR EXPRIMER LA CAUSE**

DONNER UNE EXPLICATION	*parce que* + indicatif	*Je suis arrivé en retard parce qu'il y a **avait** un embouteillage.*
JUSTIFIER UNE ACTION	*puisque* *comme* *étant donné que* *vu que, attendu que* (style administratif) + indicatif	*Puisqu'il y a **a** une grève de métro, je marche. Comme il **avait** oublié notre adresse, il a consulté le Minitel.*
(sens négatif d'une des deux phrases.)	*d'autant (plus) que* *tellement* (langue parlée) + indicatif	*C'était gentil, d'autant plus qu'ils n'**ont** pas beaucoup d'argent. Je n'ai pas mangé tellement j'**avais** à faire.*
PRÉTEXTE	*sous prétexte que* + indicatif	*Il n'est pas venu sous prétexte qu'il **était** enrhumé.*

À RETENIR

Quand deux propositions commençant par ***comme, puisque*** ou ***parce que***... sont reliées par ***et***, la deuxième est introduite par ***que***. Les verbes sont à l'indicatif : ***Puisque** tu **es** là et **que** tu n'**as** rien à faire, viens donc m'aider.*

Pour exprimer le but

voir **POUR EXPRIMER LE BUT**

BUT toujours suivi d'un subjonctif	*pour que* *impératif + que* *afin que* *de façon / de manière à ce que, en sorte que*	*Je m'arrangerai pour que tu **aies** les clés. Approche que je **voie** mieux. Je prendrai un baby-sitter afin que les enfants ne **soient** pas seuls. Faites en sorte qu'il **soit** prévenu.*
	de crainte que *de peur que* *pour que + négation*	*Il a organisé des excursions de peur qu'on s'**ennuie**. Il a écrit pour que je n'**aie** pas d'ennuis.*

Pas facile...

✔ Conjonctions et prépositions : ***pour, afin, de façon, de manière, de crainte, de peur*** sont des conjonctions quand elles sont suivies de « ***que / à ce que* + subjonctif** ». Quand le sujet de la proposition principale est le même que celui de la subordonnée, ces mots peuvent être suivis d'un infinitif. Ce sont alors des prépositions : ***pour, pour ne pas, afin de, de façon à, de manière à, de crainte de, de peur de...*** *Il a écrit pour ne pas avoir d'ennuis.*

▶ *Conjugaison*   voir *INFINITIF*, **TABLEAUX DE CONJUGAISON**

La forme d'un verbe change avec le temps de conjugaison et la personne.

Temps simples : on ajoute une terminaison au radical ou à l'infinitif du verbe. Le radical d'un verbe s'obtient à partir de l'infinitif : ***parl*-*er*, *chois*-*ir*.**

P E R S O N N E	PRÉSENT		IMPARFAIT	CONDITIONNEL	FUTUR	PASSÉ SIMPLE			SUBJONCTIF PRÉSENT
	infinitif en -*er*	autres verbes				infinitifs en -*er*	-*ir* -*cre* -*dre*	-*oir* -*oire* -*ure*	radical : 3ᵉ pers du pluriel du présent sans -*ent*
	radical +		radical +	infinitif +	infinitif +	exceptions : *tenir, venir* radical +			
je	-*e*	-*s*	-*ais*		-*ai*	-*ai*	-*is*	-*us*	-*e*
tu	-*es*	-*s*	-*ais*		-*as*	-*as*	-*is*	-*us*	-*es*
il	-*e*	-*t*	-*ait*		-*a*	-*a*	-*it*	-*ut*	-*e*
nous	-*ons*		-*ions*		-*ons*	-*âmes*	-*îmes*	-*ûmes*	-*ions*
vous	-*ez*		-*iez*		-*ez*	-*âtes*	-*îtes*	-*ûtes*	-*iez*
elles	-*ent*		-*aient*		-*ont*	-*èrent*	-*irent*	-*urent*	-*ent*

Pour les exceptions, voir *PRÉSENT, IMPARFAIT, FUTUR*

Temps composés : auxiliaire (*être* ou *avoir*) + participe passé

Pour conjuguer un verbe à un temps composé, il faut :
– savoir quel auxiliaire utiliser.   voir *AUXILIAIRES*
– connaître la conjugaison des verbes *avoir* et *être*.   voir **TABLEAUX DE CONJUGAISON**
– savoir former le participe passé des verbes.   voir *PARTICIPE PASSÉ*
– faire attention à l'accord du participe passé.   voir *ACCORD*

TEMPS COMPOSÉS	EXEMPLES	TEMPS DE L'AUXILIAIRE DEVANT LE PARTICIPE PASSÉ
Passé composé	*j'ai appelé, je suis venu(e)*	présent
Plus-que-parfait	*j'avais répété, j'étais arrivé(e)*	imparfait
Passé antérieur	*j'eus travaillé, je fus venu(e)*	passé simple
Futur antérieur	*j'aurai mangé, je serai habillé(e)*	futur
Conditionnel passé	*j'aurais voulu, je serais entré(e)*	conditionnel présent
Subjonctif passé	*que j'aie vu, que je sois arrivé(e)*	subjonctif présent
Subj. plus-que-parfait	*que j'eusse lu, que je fusse monté(e)*	subjonctif imparfait
Impératif passé	*ayez préparé, soyez rentré(e)*	impératif présent
Infinitif passé	*avoir fini, être venu(e)*	infinitif

voir *INDICATIF, CONDITIONNEL, SUBJONCTIF, IMPÉRATIF, INFINITIF*

▶ *De, du, des*

voir *à, au, aux*

du	= *de + le*
des	= *de + les*

*Il vient **du** commissariat.*
*Elle rentre **des** magasins.*

Pas de changement avec *la* ou *l'* :

de la
de l'

de la poste
de l'hypermarché

À RETENIR

On utilise *de* (ou *d'*+ voyelle) devant un nom :

✔ après une forme négative : *J'ai **des** pommes.* → *Je n'ai **pas de** pommes.*
                      *J'ai **du** pain.* → *Je n'ai **pas de** pain.*
                      *Tu as **de** l'argent ?* → *Je n'ai **pas d'**argent.*

✔ devant un adjectif (à l'écrit) : *J'ai acheté **de** belles pommes.*
   À l'oral on entend aussi : « *des belles pommes* ».
MAIS : ***des** petits pois*, ***des** petits-enfants*, ***des** grands-parents* (ce sont des noms composés).

✔ après une expression de quantité :
<u>*un verre*</u> *de vin*, <u>*une boîte*</u> *de petits pois*, <u>*beaucoup*</u> *de chance*, <u>*plein*</u> *d'eau*.

▶ *Démonstratifs*

Les déterminants (ou adjectifs) démonstratifs renvoient à une personne ou à un objet :

– proche dans l'espace :
*Ce restaurant est très bien. Prenez **cette** chaise. **Ces** enfants sont insupportables.*

– proche dans le temps (dans le passé ou dans le futur) :
*Il a téléphoné **ce** matin. **Cette** année, nous irons en Italie.*

– qui a déjà été introduit dans le texte :
*Le Premier ministre a annoncé <u>des réformes</u>. **Ces** réformes devraient…*

Ils se placent devant le nom :

ce	+ masculin	S I N G U L I E R	*ce chemin, ce jardin, ce point de vue, ce héros*
cet	voyelle ou *h* muet		*cet appartement, cet escalier, cet ascenseur cet homme, cet habit*
cette	+ féminin		*cette chambre, cette exposition, cette route*
ces	+ pluriel		*ces autocars* (masc.), *ces autoroutes* (fém.)

Les pronoms démonstratifs

Ils remplacent un déterminant défini et le nom qui le suit.

celui			masculin	singulier	*Prends **celui qui** te plaît. (le tee-shirt)*
celle	*qui / que*		féminin		*Je voudrais **celle de** la vitrine. (la robe)*
ceux	*de*		masculin	pluriel	***Ceux qui** ont compris, levez la main.*
celles	*-ci / -là*		féminin		*Prends **celles-ci**, elles ne sont pas chères. (ces chaussures-ci)*

voir *ce* ou *c'* devant une voyelle ; voir *ceci, cela, ça*

> **À RETENIR**
>
> ✔ *Celui, celle, ceux, celles* ne s'emploient jamais seuls. Ils sont suivis de *qui / que / de.*
>
> ✔ *-ci* (proche) et *-là* (loin) sont quelquefois ajoutés au pronom ou au nom pour indiquer une opposition : *Il a beaucoup plu **ces** jours-**ci** (= ces derniers jours).*
> *À **cette** époque-**là**… (il y a longtemps).*
> L'opposition n'existe pas toujours **à l'oral** : *-ci* est rare et souvent remplacé par *-là* : *Prends ce sac-**là** / celui-**là**.*

▶ *Déterminants*

En français, un nom est presque toujours précédé d'un mot qu'on appelle un déterminant. Il y a plusieurs types de déterminants :

le, la , l', les	voir *ARTICLES DÉFINIS*
un, une, des	voir *ARTICLES INDÉFINIS*
du, de l', de la	voir *ARTICLES PARTITIFS*
mon, ton, son…	voir *POSSESSIFS*
ce, cette, ces…	voir *DÉMONSTRATIFS*
chaque, plusieurs…	voir *INDÉFINIS*

Cas où il n'y a pas de déterminant :

– devant un nom propre : *Michel, Annie, Pagnol, Marie Curie, Fido*
J'achète Libération tous les jours.

– devant un nom de ville : *Nantes, Genève, Bruxelles, Montréal*
(MAIS : *La Rochelle, Le Bourget, La Haye*)

– dans une adresse, devant le mot *rue, boulevard, avenue…* :
*15, **rue** du Paradis ; 138, **avenue** du Général de Gaulle.*

– souvent dans les gros titres des journaux : *NOUVEL ATTENTAT !*

– quand un nom est en apposition à un autre nom :
*Diderot, **philosophe** du XVIIIe siècle… ; Marseille, **ville** méditerranéenne…*

– dans une énumération : **Lycéens** et **étudiants** *manifestent aujourd'hui.*

– après *il / elle est / devient* : *Il a été élu* **député.** *Elle est* **professeur.**

– après *par, avec, sans* : *par* **avion,** *avec* **plaisir,** *sans* **argent.**
MAIS : *par* **le** *premier avion, avec* **le** *plus grand des plaisirs, sans* **l'**argent que je t'ai prêté.

– à la forme négative après *pas de, jamais de* : *Ils n'ont pas* **d'enfant.**
Elle n'a jamais **d'argent.**

– après *beaucoup de, peu de, trop de, assez de, énormément de…* :
Il y avait beaucoup **de monde** *et peu* **de service** *d'ordre.*

– sur les panneaux, étiquettes… : *Sortie. Toilettes. Information. Fin.*
Confiture de fraises. Restaurant.

– dans certaines locutions verbales : *faire partie de, mettre fin à, avoir froid…*

Il peut y avoir plusieurs déterminants devant un nom :

les deux derniers billets, les trois premiers jours, toutes les deux heures,
ces quelques enfants, tous ces enfants, les deux autres livres

tout(e)	un(e), le, la, l'/ ce(tte), ma, mon		même(s)	
tou(te)s	les / ces / mes		autre(s)	NOM
		deux, trois,	*premier(es)*	
	les / ces / mes	*quatre*	*dernier(es)*	+ adjectif
		quelques		

▶ *Devoir*

Suivi d'un infinitif, ce verbe exprime :

– une nécessité : *Tu dois faire attention en traversant.*

– une probabilité : *Il a dû être pris dans un embouteillage.* (= *il est probable qu'il…*)

– un conseil, au conditionnel présent : *Vous devriez écrire.*

– un reproche (2e et 3e personnes) ou un regret (1re personne), au
conditionnel passé : *Tu aurais dû nous écrire. Je n'aurais pas dû accepter.*

Dans ces différents sens, on ne le trouve ni à l'impératif ni au passif.

▶ *Du* ou *dû* ?

voir *de, du, des* ; voir *devoir*

Sans accent, c'est la préposition *de* + l'article *le* :
J'ai du temps libre. Il y a du vent. Il reste du pain ?
Avec un accent, c'est le participe passé du verbe ***devoir*** :
Nous avons dû réserver nos places.

▶ *En*

voir PRONOMS PERSONNELS, PRÉPOSITIONS

En peut être un pronom (pour les compléments introduits par *de*) :
J'en voudrais un kilo (= de pommes). Il en reste trois.
La réunion est finie ? oui, j'en viens. (= de la réunion)

En peut aussi être une préposition devant un nom :
Je vais passer mes vacances en Angleterre.

▶ *Être*

Être est un verbe qui est suivi :
– d'un nom et d'un article : *C'est **une étudiante**. C'est **un roman** policier.*
– d'un nom de métier ou d'un adjectif. Dans ce cas, il n'y a pas d'article :
*Elle est **professeur**. Ils sont **dentistes**. C'est **cher**. Elle est **célibataire**.*
– d'une préposition et d'un nom pour renvoyer à un lieu ou à une activité :
*Ils sont **en famille**. Il est **à l'hôpital**. Elle est **en vacances / en réunion**.*

Être est un auxiliaire utilisé :
– pour former les temps composés. voir AUXILIAIRES : *être ou avoir* ?
– pour former le passif : *Vous serez très bien reçus.*

Être se trouve dans des locutions verbales : voir ASPECT
être sur le point de pour dire qu'une action n'a pas encore commencé.
être en train de pour dire qu'une action se déroule en ce moment.
être d'accord pour, être d'avis que, être prêt à, être en colère…

À RETENIR

✔ Quand le verbe ***être*** est suivi d'un déterminant et d'un nom (ou d'un pronom),
le sujet est *c'* ou *ce* : *C'est un médecin. C'est un médicament. C'est moi.*

✔ Quand il est suivi d'un adjectif ou d'un nom de métier (sans déterminant), le sujet
est le pronom personnel *il(s)* ou *elle(s)* : *Elle est médecin. Il est intéressant.*

✔ *C'est gentil. C'est bien. C'* renvoie à toute une phrase *(= d'être venu, que tu te
souviennes).*

▶ *Exclamation*

À l'écrit, la phrase exclamative se termine par un point d'exclamation.

À l'oral, l'intonation change rapidement.

L'exclamation s'exprime par :
– des adjectifs exclamatifs : ***quel(s), quelle(s)***
Quelle *horreur !* ***Quel*** *spectacle !*

– ***Comme…***, ***Ce que…*** ou ***Que…*** pour indiquer le degré :
Comme *tu es gentille !* ***Ce qu'****il est sympa !* ***Qu'****elle est belle !*

– des interjections : *Super ! Berk ! Bof ! Chut ! Espèce d'idiot !*

> *Pas facile…*
> *C'est amusant !* peut vouloir dire que « ce n'est pas amusant du tout ».

▶ *Faire*

– ***Faire*** se trouve dans des locutions :
Faire attention à quelque chose
Faire plaisir, faire mal, faire peur à quelqu'un
Faire part d'une nouvelle, faire partie d'un groupe
Faire semblant de + infinitif
Faire des courses, faire du sport, faire un caprice
Faire la cuisine, le ménage, le lit… Faire le clown, l'innocent

– ***Faire*** peut être suivi d'un infinitif et d'un complément :
Elle nous a fait visiter la ville. (= nous avons visité la ville, elle nous a guidés)
Il a fait jouer les enfants. (= les enfants ont joué)

– ***Se faire…***
Elle s'est fait couper les cheveux. (par le coiffeur)
Il s'est fait faire un costume sur mesure. (par un tailleur)
Se faire mal, s'en faire (= s'inquiéter)

À RETENIR

Accord : le participe passé ***fait*** ne s'accorde pas quand il est suivi d'un infinitif :
*Ses photos, elle ne les a pas encore **fait** développer.*
MAIS : *Cette photo, c'est elle qui l'a **faite**.*

voir *ACCORD*

▶ *Falloir*

C'est un verbe impersonnel. On ne le trouve qu'à la 3ᵉ personne du singulier :
il faut, il faudrait, il fallait, etc. **À l'oral,** souvent *il* ne s'entend pas.

Falloir est suivi :
– d'un nom : *Il faut un timbre.*
– d'un infinitif : *Il faut voir ce film. Pour aller à la Défense, il faut prendre le R.E.R.*
– de *que* + subjonctif : *Il faut que tu prennes les billets.* (obligation)
Il faut qu'il soit devenu fou. (C'est la seule explication possible.)

▶ *Féminin*

Les noms féminins renvoient :   voir *GENRE, MASCULIN*

– à des êtres humains de sexe féminin : *ma mère, une vendeuse, mes cousines et leurs amies, une avocate, la directrice.*
Mais on dit : *un mannequin, un professeur* (même s'il s'agit de femmes).

– à des animaux familiers (femelles) : *une chienne, une chatte, une poule, une vache.* MAIS : *une grenouille, une guêpe, une souris…* renvoient aussi bien à un mâle qu'à une femelle.

– Pour les autres mots :
Il y a des terminaisons qu'on trouve surtout avec des noms féminins :

-ade	*la limonade, la grillade, la promenade*
-aison	*la conjugaison, la comparaison*
-tion / sion	*l'administration, la télévision, la création*
-tié	*l'amitié, la pitié*
-ie	*une pharmacie, la mairie, une billetterie*
-ette	*une camionnette, une calculette*
-ienne	*une musicienne, une Parisienne*
-ère	*une bouchère, une étrangère*
-ée	*une bouchée, une journée, l'arrivée* (MAIS : *le musée, le lycée*)
-ure	*la lecture, une coiffure*

Les noms qui viennent d'adjectifs sont généralement féminins :

-ité	*la rapidité (rapide)*	*la curiosité (curieux)*	*la réalité (réel)*
-té	*la beauté*	*la fausseté*	*la clarté*
-ce	*la force*	*l'importance*	*la violence*
-esse	*la politesse*	*la richesse*	*la sagesse*
-ie / -rie	*la jalousie*	*la maladie*	*la plaisanterie*
-ise	*la bêtise*	*la gourmandise*	*la franchise*
-itude	*l'aptitude*	*la certitude*	*la solitude*
-eur	*la grandeur*	*la laideur*	*la pâleur*

Les noms de pays qui se terminent par **-e** sont du féminin :
*La France, l'Angleterre, l'Allemagne, l'Italie, l'Espagne, la Norvège, la Suède,
la Finlande, la Grèce, la Roumanie, l'Inde, la Turquie, l'Argentine...*

voir **POUR DIRE D'OÙ ON VIENT, OÙ ON VA**
voir *ADJECTIFS*

▶ *Futur*

voir **TABLEAUX DE CONJUGAISON,
POUR PARLER DE L'AVENIR**

Le futur simple

	INFINITIFS en **-ER**, en **-IR** *parler, partir…*		en **-RE** *lire, prendre…*		en **-OYER, -UYER** *nettoyer, appuyer…* exception : *envoyer*	
je	*marcher*	**-ai**	*prendr*	**-ai**	*nettoi*	**-e-rai**
tu	*parler*	**-as**	*lir*	**-as**	*essui*	**-e-ras**
il / elle	*partir*	**-a**	*entendr*	**-a**	*appui*	**-e-ra**
nous	*écouter*	**-ons,**	*finir*	**-ons**	*tutoi*	**-e-rons**
vous	*pousser*	**-ez,**	*croir*	**-ez**	*vouvoi*	**-e-rez**
ils / elles	*parler*	**-ont,**	*comprendr*	**-ont**	*s'ennui*	**-e-ront**

> *Pas facile…*
> Pour les verbes en **-ayer**, deux formes sont possibles :
> *il paiera, je balaierai* ou *il payera, je balayerai.*

Futur simple : verbes irréguliers

INFINITIF	RADICAL DU FUTUR ET DU CONDITIONNEL	EXEMPLES
voyelle **+ -rir**	voyelle + **-rr-**	*je courrai, je mourrai*
envoyer	*enverr-*	*tu enverras, vous enverrez*
pouvoir	*pourr-*	*je pourrai, elle pourra*
voir	*verr-*	*je verrai, on verra*
-enir	**-iendr-**	*il viendra, je tiendrai*
falloir	*il faudr-*	*il faudra*
valoir	*vaudr-*	*il vaudra, nous vaudrons*
vouloir	*voudr-*	*je voudrai, ils voudront*
-evoir	**-evr-**	*je recevrai, je devrai*
pleuvoir	*il pleuvr-*	*il pleuvra*
aller	*ir-*	*j'irai, tu iras, il ira, nous irons*
avoir, savoir	*aur-, saur-*	*j'aurai, nous aurons, ils sauront*
être	*ser-*	*je serai, vous serez*
faire	*fer-*	*il fera, nous ferons*

Quand utiliser le futur ?

– pour exprimer une action, un événement à venir :
La conférence aura lieu à 2 heures dans le grand amphithéâtre.

– pour exprimer une probabilité :
On a sonné. Ce sera le facteur.

– pour exprimer une demande, un ordre :
Tu lui montreras sa chambre.

Le futur antérieur

C'est un temps composé. Il est formé de l'auxiliaire ***être*** ou ***avoir*** au futur suivi du participe passé du verbe :
*J'**aurai** écrit. Vous **aurez** parlé. Tu te **seras** calmé(e). Il **sera** parti.*

Quand utiliser le futur antérieur ?

– pour indiquer qu'une action aura lieu avant une autre :
Viens nous voir dès que tu auras fini.

– pour donner une explication :
Elle aura eu un empêchement. Elle aura oublié.

▶ *G, ge* ou *gu* ?   voir *c* ou *ç* ?

G se prononce [g] devant *a*, *o* ou *u* : *garder, un gorille, Gustave*

Pour entendre [ʒ] (comme dans « je ») il faut un *e* entre *g* et *a* ou *o* :
un geai, Georges.

Il n'y a jamais de *e* devant *i* et *e* ; le *g* se prononce [ʒ] : *magique, large, une plage.*
Il faut ajouter un *u* entre *g* et *i* ou *e* pour entendre le son [g] :
au gui l'an neuf, une bague, des merguez, une langue.
MAIS on dit : *un hamburger* (prononcé [g]).

On écrit *ë* après *gu* pour entendre *gu* (et non *gue*) : *aiguë*

À RETENIR

Les verbes dont l'infinitif se terminent par *-ger* ont besoin d'un *e* devant *a* ou *o* pour ne pas changer de prononciation aux différentes personnes de la conjugaison :
Allonger, changer, manger, nager, plonger, voyager
Changeons-nous !   Elle voyageait tous les étés...

▶ *Genre*

En français, tous les noms ont un genre.

- Ils sont **masculins** :
le garçon, le vélo, le film, un sport, un jus de fruits
- ou **féminins** :
la fille, la voiture, la télévision, une histoire, une glace

Il est important de connaître le genre d'un nom parce que le déterminant, l'adjectif, le pronom et le participe passé peuvent changer selon que le nom est masculin ou féminin. Le plus simple est de toujours apprendre le nom avec son article masculin ou féminin.

voir *FÉMININ, MASCULIN, ACCORD,*
ADJECTIFS, DÉTERMINANTS, PRONOMS

Pour les êtres humains, le genre peut correspondre à la distinction homme / femme :

un homme	*une femme*
le garçon, le fils	*la fille*
le père	*la mère*
le gendre	*la belle-fille*
l'oncle	*la tante*
le cousin	*la cousine*
le neveu	*la nièce*
le frère	*la sœur*
le grand-père	*la grand-mère*
un ami	*une amie*
*un anima**teur***	*une anima**trice***

Noms masculins ou féminins :
ils se terminent par **-e**.

un / une célibataire
un / une artiste
un / une touriste
un / une libraire

Pas facile…

Noms de profession : en France, le masculin peut être utilisé pour renvoyer à une femme : *un professeur, un médecin, un écrivain, un ingénieur, un diplomate, Madame le Premier ministre…* Au Canada par contre, on dit *une professeure…*

Les mots se terminant par *e* comme *peintre, juge, dentiste…* pourraient changer d'article (c'est le cas dans d'autres pays francophones). En France, pour être plus précis, on doit dire : *une femme juge, une femme architecte, une femme médecin…*

Mots qui renvoient à un homme ou à une femme :
masculin : *un mannequin, un témoin, un assassin…*
féminin : *une victime, une personne, une recrue, une sentinelle, une vedette*

Genre des noms composés

– Nom + Nom : le genre est celui du premier nom.
une assurance-voyage, la station-service
– Adjectif + Nom ou Nom + Préposition + Nom : le genre est celui du nom.
le tiers-monde, la grand-mère, un court métrage, un pied-à-terre.
– Verbe + Nom : ils sont masculins.
le porte-clés (mais *la clé*) ; *le vide-ordures* (mais *les ordures* féminin)

▶ *H muet* ou *h aspiré ?*

En français, on ne prononce pas le *h* mais on distingue deux types de *h*.

	DÉTERMINANT	LIAISON ?
H muet : *un_habit, un_hôpital, une_huile, l'homme, l'hôtel, l'heure, cet_honneur, des_honoraires, mon_héroïne…*	*un / une, l', des cet / cette, mon*	oui
H aspiré : *un hasard, un handicapé, une hache, le huitième, la hauteur, des haricots, ce hors-d'œuvre, mon héros, ma hache…*	*un / une, le / la, des ce / cette, mon / ma*	non

▶ *Imparfait*

voir CONJUGAISON, TABLEAUX DE CONJUGAISON
voir POUR PARLER DU PASSÉ (1) (2) (3)

Comment former l'imparfait ?

	RADICAL 1re personne du pluriel du présent (*nous* **pens**-*ons*)	TERMINAISON	EXCEPTION être	
je	*march-, pens-*	*-ais*	*j'*	*étais*
tu	*parl-, lis-, fais-*	*-ais*	*tu*	*étais*
il / elle	*part-, choisiss-*	*-ait*	*il / elle*	*était*
nous	*écout-, finiss-*	*-ions*	*nous*	*étions*
vous	*buv-, croy-, av-*	*-iez*	*vous*	*étiez*
ils / elles	*recev-, compren-*	*-aient*	*ils / elles*	*étaient*

Quand utiliser l'imparfait ?

C'est un des temps du passé. Il insiste sur le déroulement d'une action passée.
Il s'emploie rarement seul. Généralement, une expression de temps précise
sa valeur.

– action passée qui se répète, habitude :
*Il pleuvait **tous les jours**. Nous allions **régulièrement** au théâtre.*
– description. Dans ce cas, il y a souvent une série de verbes :
Elle était petite. Elle avait de grands yeux bruns. Elle portait un tailleur classique.
– arrière-plan pour une action au passé composé ou au passé simple :
Les cars étaient garés. Certains voyageurs attendaient à côté de leurs valises. D'autres se bousculaient autour des soutes à bagages. Enfin, les chauffeurs sont arrivés.
– supposition qui ne s'est pas réalisée : *À une minute près, tu ratais ton train.*

L'imparfait peut renvoyer au présent :
– après **si**, il exprime une suggestion : *Si on **louait** une vidéo…*
– au discours indirect : *Il a dit qu'il **arrivait**.*

▶ *Impératif*   voir POUR CONSEILLER, POUR DONNER DES INSTRUCTIONS

L'impératif adresse un ordre, une interdiction ou une invitation à une personne (2ᵉ pers. du sing. ou *vous* de politesse) ou à un groupe de personnes (1ʳᵉ et 2ᵉ pers. du plur.). C'est la terminaison qui distingue ces trois personnes :
Passe-moi le sel. Prends une photo. Allons-y ensemble. Ne bougez pas !

Au passé, l'action est vue comme accomplie : *Soyez rentrés avant minuit.*

INFINITIFS en -ER : radical +	-e	Regarde	autres infinitifs	-s	Prends-le, Tiens
	-ons	Mangeons Marchons		-ons	Partons Asseyons-nous
	-ez	Poussez, Tirez		-ez	Ralentissez, Partez

❙ Pas facile…

❙ Devant **y** ou **en**, les verbes en **-ER** prennent un **-s** à la deuxième personne du singulier.
❙ C'est plus facile à prononcer : *Vas-y. Penses-y. Manges-en un. Apportes-en.*

Verbes irréguliers   voir TABLEAUX DE CONJUGAISON

ALLER	*Va te reposer.*
AVOIR	*N'aie pas peur. Ayez du courage.*
DIRE	*Dites-nous la réponse.*
ÊTRE	*Sois sage. Soyez courageux.*
FAIRE	*Faites attention.*
SAVOIR	*Sache que tu seras toujours la bienvenue. Sachez…*
VOULOIR	*Veuillez recevoir mes meilleures salutations.*

Ordre des pronoms   voir *PRONOMS PERSONNELS*

▶ *Impersonnels (verbes)*

Ce sont des verbes qui sont toujours précédés de *il* comme sujet ;
dans ce cas, *il* ne renvoie ni à une personne ni à une chose.

– Verbes impersonnels sans complément : pour parler du temps :
Il fait beau. Il fait froid.
Il pleut. Il neige. Il vente.

– Verbes impersonnels suivis d'un nom :
Il y a, il s'agit de, il faut…
Il y a 58 millions d'habitants en France.
Il y a du melon, du jambon, de la salade et des fruits.
Il faut du pain ?
Qu'est-ce qu'il se passe ? Il ne se passe rien.
Il est arrivé quelque chose d'épouvantable.
Il s'agit d'une histoire toute simple…

– Verbes impersonnels suivis de *que* et de l'indicatif :
Il est certain que, il est évident que, il me semble que…
Il paraît qu'il fait un nouveau film.
Il est probable que nous viendrons.

> **Pas facile…**
>
> Les verbes exprimant une certitude sont suivis d'un subjonctif quand ils sont à la
> forme négative ou interrogative :
> *Il n'est pas sûr que nous puissions venir. Il est peu probable que nous venions.*

– Verbes impersonnels suivis de *que* et du subjonctif ou d'un infinitif :
*Il faut **que** tu écrives. Il ne faut pas **exagérer**.*
*Il est essentiel, il est important, il est nécessaire, il est possible, il est inutile **que / de** + inf.*
Pour ce travail, il est nécessaire d'avoir un permis de conduire.
Il est interdit de fumer dans les bureaux. Il est défendu de…

D'une phrase à l'autre	voir *ce* ou *c'* devant une voyelle

Si la forme impersonnelle vient après ou si elle est dans une autre phrase, on utilise
c' et non *il* devant *est* : *Fumer dans les bureaux, c'est interdit.*
Ne viens pas. C'est inutile. MAIS : *Il est inutile que tu viennes.*

▶ Indéfinis

voir **POUR EXPRIMER UNE QUANTITÉ**

ADJECTIF / DÉTERMINANT	PRONOM	ACCORD (EN NOMBRE)	
chaque *aucun(e)* *pas un(e)* *nul(le)* *n'importe quel / quelle*	*chacun(e)* *aucun(e)* *quelqu'un* *personne, nul(le)* *n'importe qui* *quelque chose* *rien* *n'importe quoi*	+ singulier	***Chaque** participant aura un cadeau.* ***Chacun** a reçu une casquette.* ***Aucune** personne n'a répondu.* ***Personne** n'a répondu.* ***Quelque chose** de bon.* ***Quelqu'un** de bien.* ***Rien** d'important.*
quelques *plusieurs* *certain(e)s* *d'autres*	*quelques-un(e)s* *plusieurs* *certain(e)s* *d'autres*	+ pluriel	***Quelques** joueurs.* ***Quelques-uns** se reposent.* ***Plusieurs** buts. Il en a marqué **plusieurs**.* ***Certains** arbitres. **Certaines** places.*
tout, toute *tous, toutes* *+ le / l' / la / les*	*tous* *toutes*	adjectif / déterminant : singulier ou pluriel pronom : pluriel	***Toute** la mi-temps. **Tous** les joueurs.* ***Toutes** les finales.* ***Tous** à la manifestation !*
peu de *la plupart de* *beaucoup de* *assez de* *trop de*	*peu* *la plupart* *beaucoup* *assez* *trop*	+ pluriel *voir* pluriel, *Pas facile…*	***Peu de** personnes sont venues.* ***La plupart** sont arrivés.* ***Beaucoup de** supporters.* ***Trop de** réclamations.* *Il en a **trop**.*

voir *tout, tous* ou *toute(s)* **?** voir *on,* NÉGATION

À RETENIR

Quand un pronom indéfini est suivi d'un adjectif, il faut ajouter *de* devant l'adjectif :
*Quelque chose **d'**utile. Rien **de** bon. Quelqu'un **de** connu.*

▶ Indicatif

L'indicatif exprime un fait, une action… qui se réalise dans le présent, le passé ou l'avenir :
Je suis française. J'ai habité à Paris pendant 20 ans. J'irai en Louisiane cet été.
Les différents temps de l'indicatif sont :
– le présent,
– l'imparfait, le passé composé, le plus-que-parfait, le passé simple, le passé antérieur,
– le futur simple et le futur antérieur.

voir *CONJUGAISON*, TABLEAUX DE CONJUGAISON
POUR PARLER DU PRÉSENT, DU PASSÉ, DE L'AVENIR

▶ *Infinitif*

L'infinitif est la forme du verbe qu'on trouve dans les dictionnaires.

Il n'indique ni le temps ni la personne : *venir, voir.*

Au passé, il exprime une action accomplie : *être venu, avoir vu.*

Il y a quatre types d'infinitif selon la terminaison :

entr-		*fin-*		*asse-*		*prend-*	
appel-	**ER**	*grand-*	**IR**	*apercev-*	**OIR**	*croi-*	**RE**
se lev-		*ven-*		*fall-*		*li-*	
chant-		*part-*		*pouv-*		*répond-*	

voir **TABLEAUX DE CONJUGAISON**

Quand utiliser l'infinitif ?

– Pour donner des instructions :   voir **POUR DONNER DES INSTRUCTIONS**
Prendre la première rue à droite, continuer jusqu'au feu rouge…
Écrire en majuscules d'imprimerie.

– Dans une recette :
Faire bouillir un litre d'eau. Ajouter les pâtes. Remuer. Laisser cuire pendant
10 minutes. Égoutter. Servir avec une noisette de beurre.

– Dans une liste de choses à faire :
✔ *Téléphoner au plombier.*
✔ *Passer chez le gardien.*

– Après certains verbes, avec ou sans préposition :
Il faut **venir.**
Je peux vous **aider** *?*
Pense <u>à</u> **apporter** *ton appareil photo.*
Nous finissons <u>de</u> **manger.**

– Pour exprimer un futur proche après **aller** : *Je vais partir.*

– Pour exprimer un passé récent après **venir de** : *Il vient de partir.*

– Dans certains proverbes : *Voir, c'est croire. Partir, c'est mourir un peu.*

À RETENIR
À la forme négative, **ne** et **pas**, **jamais**, **rien**… viennent avant l'infinitif :
Ne pas plier.
Ne rien *écrire dans cette case.*
Ne jamais *boire d'alcool avec ce médicament.*

▶ *Interrogatifs*

Qui, que, quoi

	ANIMÉ	NON ANIMÉ
Sujet	*Qui ?* *Qui est-ce qui ?*	*Qu'est-ce qui ?*
Objet direct	*Qui ?* *Qui est-ce que ?*	*Que ?* *Qu'est-ce que ?*
Autres	**Préposition +** *qui (est-ce que)*	**Préposition +** *quoi (est-ce que)*

COMPAREZ :

Qui est là ? (quand on frappe à la porte) ET *Qu'est-ce qui cuit ?* (du riz)

Qui appelles-tu ? ET *Que dis-tu ?*
Qui est-ce que tu as rencontré ?
ET *Qu'est-ce que tu veux ?*

À qui voulez-vous parler ?
De qui est-ce que vous parlez ?
ET *À quoi joues-tu ?*

Quel, lequel **pour proposer un choix**

DEVANT UN NOM : ADJECTIF	À LA PLACE D'UN NOM : PRONOM	ACCORD
Quel	*Lequel*	+ masculin, singulier
Quelle	*Laquelle*	+ féminin, singulier
Quels	*Lesquels*	+ pluriel
Quelles	*Lesquelles*	+ féminin, pluriel

Quel âge avez-vous ?
Quelle heure est-il ?
Lesquels veux-tu ?
Quelles langues parlez-vous ?

Ils peuvent être précédés d'une préposition :
De quelle nationalité êtes-vous ?
À quel étage habites-tu ? À quelle heure viendrez-vous ?
Par quel train arriverez-vous ?

> **À RETENIR**
>
> Les mêmes adjectifs sont aussi utilisés pour exprimer la surprise, l'étonnement. On les appelle alors des adjectifs exclamatifs. voir *EXCLAMATION*

D'autres mots interrogatifs : *comment, combien, pourquoi, quand* et *où*.

voir **POUR POSER DES QUESTIONS**

▶ *Liaison*

On fait une liaison quand on prononce la dernière consonne d'un mot (normalement muette) devant un autre mot commençant par une voyelle ou un *h* muet.

voir *h muet* ou *h aspiré* ?

À L'ÉCRIT	À L'ORAL	EXEMPLES
s x z	[z]	*ils ont payé, nous avons marché, des amis* *dix heures, de beaux enfants* *partez ensemble*
t d	[t]	*ils l'ont acheté* *un grand ami. Combien le vend-il ?*
n	[n]	*mon assiette, en avion* *On a tout fait. Rien à faire*
	la voyelle change	*bon anniversaire*

À RETENIR   *COMMENT ÇA SE DIT ?*

✔ Ça se prononce de la même façon, ça ne s'écrit pas pareil :
On a *tout fait.* **On n'a** *rien fait.* [õna…]
Bon *anniversaire.* **Bonne** *année.* [bɔna…]

✔ Il n'y a jamais de liaison :
– après **et** : *Un homme et une femme.*
– entre un nom au pluriel et le verbe qui le suit : *Les enfants ont mangé.*

MAIS : si le nom est remplacé par un pronom, la liaison est obligatoire : *Ils_ont mangé.*

▶ *Majuscules*

– au début d'une phrase : *Le magasin fermera ses portes à 7 heures.*

– la première lettre d'un nom propre : *Camus, Bordeaux, Noël*

– les noms d'habitants : *les Parisiens, un Québécois, une Marocaine*

– dans un titre : *Arte, L'Étranger*

– dans les lettres : *Veuillez agréer, Madame la Directrice, l'expression…*

– au début des mots suivants : *l'État, le président de la République, la Révolution…*

À RETENIR

Pas de majuscules :

✔ pour les adjectifs formés sur les noms de villes, de régions, de pays : *Un étudiant parisien, du cidre normand, des pralines belges.*

✔ pour les noms de langues : *le français, l'anglais…*

✔ les noms de produits dérivés de noms propres : *un bon petit bordeaux.*

✔ les noms de jours, de mois : *lundi, mars…*

▶ Masculin

voir *GENRE, FÉMININ*

Les noms masculins renvoient à :

– des hommes : *mon père, ton frère, un soldat, un animateur, mes cousins.*

– des animaux (mâles): *un chien, un chat, un lion.*
MAIS : *un poisson rouge, un moineau* renvoient à un mâle ou à une femelle.

– des noms d'arbres : *un platane, un rosier, un sapin.*

– des verbes, adjectifs, adverbes, phrases utilisés comme noms :
le souvenir, un pourboire, un être, le sourire,
un petit blanc, un malentendant, le bien,
un je ne sais quoi, le ras-le-bol, le qu'en dira-t-on.

– la plupart des mots empruntés à une langue étrangère :
un week-end, un sandwich, un bifteck, un barbecue, un match de foot, un tee-shirt,
un sauna, le maximum, un scénario, un graffiti…
MAIS : *une corrida, une interview.*

– des noms de jours, mois, saisons :
le lundi 25, en mars prochain, un automne doux, cet hiver.

– des noms de pays qui ne se terminent pas par *-e* :
Le Luxembourg, le Portugal, le Danemark, le Maroc, le Kenya,
le Brésil, Le Nicaragua, L'Équateur, le Pakistan, le Japon, Israël…
MAIS : *le Mexique, le Mozambique, le Zimbabwe, le Zaïre*

voir **POUR DIRE D'OÙ ON VIENT, OÙ ON VA**

Il y a des terminaisons qu'on trouve surtout avec des noms masculins :

-age	*le chômage, le fromage, le mariage*	MAIS : *une image, la plage*
-at	*le championnat, le chocolat*	
-eau	*le bureau, le couteau*	MAIS : *une eau de table*
-éen	*un Européen, un lycéen*	
-ème	*le problème, le système*	
-ien	*un Parisien, le chirurgien*	
-ier	*le sucrier, le pâtissier*	
-ment	*le remplacement, le paiement*	
-ing (anglais)	*le camping, un parking, le shopping*	

> *Pas facile…*
>
> Le mot *chose* est féminin mais on utilise le masculin avec :
> **quelque chose, (pas) grand chose** :
> *C'est une chose étonnante.* MAIS : *Il m'est arrivé quelque chose d'étonnant.*

▶ Même

Devant un verbe ou un adjectif, c'est un adverbe et il est invariable :
Il a même écrit. (= aussi) *C'est même plus grand.*

Autrement, il s'accorde en nombre :
– comme pronom : *Ce sont les mêmes.*
– comme adjectif :
• Placé avant le nom, il veut dire « semblable » :
Ils veulent les mêmes renseignements.
• Placé après un nom ou un pronom, il insiste :
Il m'a reçu le jour même. Ils l'ont fait eux-mêmes.
Allô, Monsieur Cantona ? – Lui-même.

▶ Ne, ne... que

• *Ne* devant un verbe est la première partie de la négation. L'autre partie *pas, plus, personne, rien, jamais, aucun*, etc. vient après le verbe, sauf si c'est un infinitif.   voir *NÉGATION, INFINITIF*

• *Ne* peut être utilisé sans valeur négative, après certaines conjonctions et certains verbes :

– après *avant que, à moins que, de peur que, de crainte que* :
Allons au cinéma à moins que tu ne préfères regarder une vidéo.

– après les verbes *craindre, avoir peur, douter* :
J'ai peur qu'il n'oublie.

– après un comparatif d'inégalité :
Il est moins bête qu'on ne croit.

• *Ne*, placé devant un verbe qui est suivi de *que*, a une valeur restrictive. Il a le sens de « seulement ». *Ils n'ont qu'un enfant.*

À l'oral, *n'avoir qu'à* exprime un conseil :
Tu n'as qu'à venir. (= *Viens*)   voir *avoir*

▶ Négation   voir *ne*, **POUR DIRE** *non*

La négation d'une phrase est constituée de **deux** parties : *ne* qui vient devant le verbe (et les pronoms) et *pas* ou un autre mot négatif qui vient après le verbe ou l'auxiliaire dans un temps composé.   voir *INFINITIF*

Ce n'est pas grave. Il ne les a plus revus. Ele n'est jamais revenue.

MOT AFFIRMATIF	MOT NÉGATIF	EXEMPLES
un, une, des...	pas de	Il n'y a pas de pain.
... encore	plus	Il n'habite plus avec nous.
déjà	pas encore	Je n'ai pas encore fini.
toujours	jamais	Elle n'écrit jamais.
souvent, beaucoup	pas souvent	Je ne les vois pas souvent.
	pas beaucoup, guère	Il ne gagne pas beaucoup d'argent.
quelque chose, tout	rien	Il n'a rien dit. Rien ne lui plaît.
quelqu'un	personne	Je ne connais personne. Personne n'a parlé.
quelques, des	aucun, aucune, nul(le)	Il n'a aucune excuse.
		Aucun n'en veut. Nul n'y croit.
quelque part, partout	nulle part	Ils ne vont nulle part.
... moi aussi	... moi non plus (+ nég.)	Moi non plus, je n'ai pas mangé.
et	ni	Il n'y a pas de confiture ni de miel.
ou	ni... ni	Je ne connais ni l'un ni l'autre.

À RETENIR

✔ Après **pas**, les articles **un, une, de la, du, de l'** et **des** deviennent **de** ou **d'** :
Elle n'a pas de voiture. Je n'ai pas d'argent sur moi.

✔ **Ne** devient **n'** devant une voyelle : *Je n'ai pas de parapluie. Ce n'est pas bon.*

✔ Souvent **à l'oral**, **ne** n'est pas prononcé. « *C'est pas vrai.* » « *Y a pas de problème.* »

✔ **Pas** n'est pas obligatoire après *cesser, oser, pouvoir, savoir* suivis d'un infinitif.
Les prix ne cessent d'augmenter.
Je ne saurais vous dire combien votre carte m'a fait plaisir.

✔ On peut utiliser plusieurs négations dans la même phrase, **excepté pas** :
Personne n'a plus jamais rien dit. Je n'ai rien vu nulle part.
MAIS : *Il n'a pas répondu.*

Un nom, un adjectif ou un verbe peut être négatif par son préfixe :

in + voyelle / consonne	inutile, inactif
	infatigable, introuvable
sauf : im + m / p / b	immobile, impossible, imbuvable
il + l	illisible, illégal
ir + r	irréprochable, irremplaçable
dé + consonne	défaire, démonter
dés + voyelle / h muet	désorienté, déshabiller
mé + consonne	mécontent, un méfait
més + voyelle	une mésalliance
mal-	malheureux, la malchance, un malentendu
anti- / non-	antipathique, un antivol, non-fumeur, un non-voyant

▶ Noms

– Un nom peut renvoyer à un objet, une chose abstraite, une action, une personne, un groupe, un animal, une ville, un pays… :
une table, de l'eau, la prudence, la musique, une manifestation, un enfant, une institutrice, Marie, le gouvernement, un chien, Montréal, l'Égypte.

– Il y a des noms « communs » : *l'ascenseur, la terrasse, un billet, vos papiers, ma valise, le kiosque…* et des noms propres qui ne sont généralement pas précédés d'un déterminant et qui commencent par une majuscule :
Aix-en-Provence, François Truffaut, Cézanne.   voir MAJUSCULE

– Le nom a un genre : masculin ou féminin.   voir GENRE, FÉMININ, MASCULIN

– Le nom est souvent accompagné d'un déterminant et quelquefois d'adjectifs qui s'accordent en genre et en nombre avec lui :
Une grande maison blanche. De grands bâtiments blancs.   voir ACCORD, ADJECTIFS, PLURIEL

– Il peut être suivi d'une préposition et d'un nom ou d'une relative :
Un plan de Paris, l'ascenseur qui monte.   voir PRÉPOSITIONS, RELATIFS

– Un nom peut être remplacé par un pronom.   voir PRONOMS
elle, la, en… une, etc. *(la police, une institutrice, la musique…)*
il, le, en… un, etc. *(le gouvernement, l'arbitre, le temps, le fauteuil…)*

Dans la phrase, le groupe du nom peut avoir plusieurs rôles ou fonctions :

Sujet	**Les piétons** *traversent.*
Objet direct	*Le douanier* (sujet) *vérifie **nos papiers**.*
Objet indirect	*Il parle de **sa famille**.*
Complément de nom	*Où as-tu mis les clés de **la voiture** ?*
Complément circonstanciel	*Je vais le chercher **à la gare**, **à cinq heures**.*
Attribut	*Ce sont **des amis**.*

voir SUJET, COMPLÉMENT D'OBJET

▶ Nombres

Pour compter

*zéro, un, deux, trois, quatre, cinq, six, sept, huit, neuf, dix, onze, douze, treize, quatorze, quinze, seize, dix-sept, dix-huit, dix-neuf, vingt, vingt et un, vingt-deux, vingt-trois…
trente et un, trente-deux… quarante, cinquante, soixante, soixante-dix, quatre-vingts, quatre-vingt-un… quatre-vingt-dix, quatre-vingt-onze..
100 : cent, cent un, cent deux… deux cents, deux cent dix, trois cents…
1000 : mille, 1999: mille neuf cent quatre-vingt-dix-neuf, dix mille, cent mille,
1 000 000 : un million, trois millions ; 1 000 000 000 : un milliard…*

À RETENIR

✔ On met un trait d'union entre les dizaines et les unités *(vingt-neuf)* sauf quand elles sont reliées par *et* : 21 *(vingt et un)*, 31, 41, etc.

✔ *Cent* et *vingt* sont invariables (pas de *s*) quand ils sont suivis d'un autre nombre : *Il y a **deux cent** <u>trente</u> candidats*. MAIS : *Il y avait bien **deux cent<u>s</u>** spectateurs. Ça coûte **quatre-vingt<u>s</u>** ou **quatre-vingt-<u>cinq</u>** francs ?*

✔ *Mille* est toujours invariable (jamais de *s*).

✔ *Un* a une forme féminine : *Il a eu vingt et **une** surprises pour ses vingt et un ans*.

✔ On utilise le déterminant masculin devant les nombres : *le 8, (le huit), le 11 (le onze)*.

✔ Au Canada, en Suisse et en Belgique, pour 70 on dit *septante*, pour 80 on dit *octante* et pour 90 on dit *nonante*. On dit aussi *septante-un, septante-deux*, etc.

Pour exprimer le rang

On utilise le nombre suivi de *-ième* : *le / la deuxième* (ou *le / la seconde), le / la troisième, le / la qua<u>tri</u>ème, le cinquième, le sixième, le septième, le huitième, le neu<u>v</u>ième, le dixième, le vingtième…*
Le XXIᵉ siècle (vingt et unième)
MAIS : *le premier / la première ; le dernier / la dernière*.

Pour exprimer une fraction

1/2 (un demi), *1/3* (un tiers), *3/4* (trois quarts), *3/5* (trois cinquièmes), *1/400* (un quatre centième).

Pas facile… Comment ça se dit ?

– *François 1ᵉʳ* (premier), mais *Louis XIV* (quatorze), *Charles V* (cinq)
– la date en haut d'une lettre : *Strasbourg, le 21 novembre. (le vingt et un novembre)*
MAIS : *le 1ᵉʳ mars (le premier mars)*.

 ## *On*   voir *PRONOMS PERSONNELS,* **POUR DIRE OU NE PAS DIRE**

On est un pronom sujet qui est fréquent à l'oral. Il est suivi d'un verbe au singulier (mais le participe peut être au pluriel) :
On a gagné. On n'est pas rentré(s) tard.

On renvoie à une personne ou à un groupe de personnes sans donner de renseignements précis :
– *On a forcé la malle de la voiture.* (= *quelqu'un :* la personne qui parle ne sait pas qui).

– *On nous demande un mois de caution.* (= *l'agence immobilière* ou *le propriétaire* : ce n'est pas important)
– *On mange ?* (= *nous* : c'est clair pour la personne à qui vous parlez)
Dans ce cas, le pronom d'insistance est *nous* :
Nous, on a regardé le match à la télévision.

Soi est le pronom complément réfléchi correspondant :
*On a toujours besoin d'un plus petit que **soi**. On se sert **soi**-même ?*

▶ *Ou / où*   voir CONJONCTIONS

– Sans accent : conjonction qui donne le choix entre deux noms, deux verbes, deux adjectifs… On pourrait aussi dire *ou bien* :
Tu prends du café ou du thé ? Tu viens ou tu restes ?
C'est de la bière française ou belge ?

– Avec un accent : pronom relatif qui renvoie à un lieu ou un moment.
*C'est **la maison où** Napoléon est né.*
Le jour où tu viendras, nous te la ferons visiter.

▶ *Par*   voir PRÉPOSITIONS

Devant un nom *par* exprime :
– le moyen : *par avion, payer par carte ou par chèque.*
– la cause : *par intérêt, par amour pour toi.*
– la comparaison : *par rapport à…*
– le lieu : *rentrer / passer par la fenêtre.*

On trouve *par* :
– devant le complément de certains verbes : *commencer par, finir par…*
– devant l'agent à la forme passive :
Il a été prévenu par les voisins.   voir POUR DIRE OU NE PAS DIRE
– devant une unité de temps : *deux fois par jour.*

▶ *Participe passé*

Quand utiliser le participe passé ?

– Avec l'auxiliaire *avoir* ou *être* pour former les temps composés :
*J'ai **mangé**, elles seront **reçues**, nous avons été **accueillis**…*
– Comme adjectif après un nom : *un citron **pressé**, une personne **connue**.*

Pour former le participe passé

À partir de l'infinitif :

regard-(er)   *regardé, regardés, regardée, regardées*
fini-(r)   *fini, finis, finie, finies*
voir   *vu, vus, vue, vues*

À l'oral, il y a trois classes de participes passés :
– ils se terminent par *-é*, par *-i* et par *-u*,
– cas particuliers : *fait, ouvert, découvert, offert, souffert, peint, craint, joint.*

À l'écrit, c'est plus compliqué :

INFINITIFS EN	EXEMPLES INFINITIFS	PARTICIPES ÉCRIT	ORAL	EXEMPLES PARTICIPES PASSÉS
-ER	*donner, aller*	*-é*	[e]	*donné, allé*
-IR	*finir, partir, servir, sortir*	*-i*	[i]	*fini, parti, servi, sorti*
	tenir, venir	*-u*	u	*tenu, venu*
	souffrir, (dé)couvrir	*-ert*	[ɛr]	*souffert, couvert*
-OIR	*voir, falloir, pouvoir, avoir*	*-u*	u	*vu, fallu, pu, eu*
-DRE / -TRE	*rendre, connaître, répondre*	*-u*	u	*rendu, connu, répondu*
	prendre, mettre	*-is*	[i]	*pris, mis*
-RE, -IRE	*luire, nuire, rire, suivre*	*-i*	[i]	*lui, nui, ri, suivi*
	dire, écrire, conduire	*-it*	[i]	*dit, écrit, conduit*
	lire, plaire, vivre, croire	*-u*	u	*lu, plu, vécu, cru*
-INDRE	*atteindre, craindre, rejoindre*	*-int*	[ɛ̃]	*atteint, craint, rejoint*

Cas particuliers : *assis (asseoir), été (être), né (naître), fait (faire), mort (mourir).*

voir **TABLEAUX DE CONJUGAISON,** *ACCORD*

▶ *Participe présent*

Pour former le participe présent   voir **TABLEAUX DE CONJUGAISON**

On ajoute la terminaison *-ant* au radical du verbe (1 personne du pluriel) :

~~nous~~ buv~~ons~~ -ant   *buvant,*   ~~nous~~ finiss~~ons~~ -ant   *finissant*
~~nous~~ pren~~ons~~ -ant   *prenant,*   ~~nous~~ pouv~~ons~~ -ant   *pouvant*

Les exceptions sont : *avoir :* **ayant** ; *être :* **étant** ; *savoir :* **sachant.**

Le participe présent n'indique ni le temps ni la personne.

Au passé, il exprime une action accomplie :
ayant mangé, étant arrivé.

Quand utiliser le participe présent ?

– Après *en* pour indiquer que deux actions se passent en même temps :
*Il travaille **en écoutant** de la musique.* (= *et il écoute*)

ou pour indiquer le moyen (= comment ?) :
*Elle gagne de l'argent de poche **en faisant** du baby-sitting.*

– Pour exprimer la cause :
***Étant** malade, elle n'a pas pu venir.* (= *Comme elle était malade…*)

– À la place d'une relative :
*Les gens **n'ayant** pas de billet faisaient la queue* (*… qui n'avaient pas…*)

– Comme adjectif : il s'accorde en genre et en nombre avec le nom :
un air entraînant, une remarque blessante.
Dans les autres cas, il est invariable.

Pas facile…

L'adjectif et le participe présent (utilisé comme verbe) ne s'écrivent pas toujours pareil.

différent	*différant*
excellent	*excellant*
fatigant	*fatiguant*
provocant	*provoquant*

*Le jour **précédent** (= adjectif) il était malade. Le jour **précédant** Noël (= qui précède Noël) toute la famille est arrivée.*

▶ *Passé composé*   voir TABLEAUX DE CONJUGAISON, AUXILIAIRES

Pour former le passé composé   voir CONJUGAISON, PARTICIPE PASSÉ

Quand utiliser le passé composé ?

C'est un des temps du passé. Il renvoie à une action (vue comme étant finie) qui a eu lieu dans le passé. On peut le trouver sans expression de temps :
Il a plu. Ils ont acheté un billet et ils sont partis.
À côté de verbes à l'imparfait dans un texte, il représente l'action :
*Il **faisait** chaud. Les voitures **avançaient** très lentement… Soudain, on **a entendu** un coup de frein.*

Il peut aussi exprimer le résultat présent d'une action passée :
Il est divorcé.   voir POUR PARLER DU PASSÉ **(1) (2) (3)**

▶ *Passé simple*   voir TABLEAUX DE CONJUGAISON

Pour former le passé simple   voir *CONJUGAISON*

Quand utiliser le passé simple ?

C'est un des temps du passé qui est utilisé essentiellement à l'écrit et dans certains types de texte (langue littéraire, récits historiques et plus rarement articles de journaux). L'action est vue comme finie ; le moment dans le passé est précisé ou connu.

On l'utilise surtout à la troisième personne. Avec « je » et « tu », on trouve plutôt le passé composé :
Il arriva au château avant la nuit.   voir **POUR PARLER DU PASSÉ (3)**

▶ *Passif*   voir **POUR DIRE OU NE PAS DIRE**

La forme active et la forme passive sont deux façons d'organiser une phrase :
Jacques attend ses parents à la gare. Ils sont attendus (par un taxi) à la gare.
L'ordre des mots est différent.

– À la forme active :
Sujet [= Agent] + Verbe + Objet Direct + (Objet Indirect) + (autres compléments)
Les groupes entre parenthèses ne sont pas obligatoires.

– À la forme passive :
Sujet [= Objet Direct] + être + Participe Passé du Verbe + (*par* Agent) + (Objet Indirect) + (autres compléments)

Pas facile…

Le passif n'est pas toujours possible.

✔ Le verbe doit avoir un objet direct qui va prendre la place du sujet :
Ils remplissent leurs formulaires. Tous les formulaires ont été remplis.

✔ Si une phrase comporte un sujet et un agent, le français a tendance à préférer, comme sujet, le nom qui renvoie à une personne : *Un passant a été renversé par une voiture.*

Pour exprimer un passif, on peut aussi utiliser la forme pronominale du verbe. Le sujet (complément d'objet à la forme active) renvoie rarement à une personne ; l'agent *(on)* n'est pas exprimé. Il s'agit d'une caractéristique ou d'une habitude :
*Les jupes **se portent** très court cette année. Ça ne **se fait** pas.*
*Ce sport **se pratique** en plein air.*   voir *VERBES PRONOMINAUX*

À RETENIR

✔ Au passif, le participe passé s'accorde avec le sujet.
✔ L'agent, s'il est mentionné, est généralement introduit par la préposition *par*.
Il est introduit par *de* après :
– les verbes : *accompagner, border, couvrir, entourer :*
  *Il était accompagné **de** ses enfants. Une route bordée **de** platanes.*
– et les verbes : *aimer, apprécier, estimer, respecter : Elle est estimée **de** ses collègues.*

D'une phrase à l'autre
Plusieurs phrases au passif peuvent être regroupées si elles ont le même sujet :
La municipalité a fermé la bibliothèque il y a un an. + On l'a complètement rénovée.
– La bibliothèque a été fermée il y a un an par... + Elle a été complètement rénovée.
→ ***Fermée depuis un an, la bibliothèque a été complètement rénovée.***

▶ *Phrase*

La phrase est constituée d'un groupe du nom, d'un groupe du verbe et de
compléments circonstanciels qui sont facultatifs (temps, lieu, manière…) :
L'autocar s'arrête (tous les jours), (à 4 heures), (devant la mairie).

Une phrase peut être constituée de plusieurs phrases (appelées propositions) :
– juxtaposées : *Il est midi : j'ai faim.*
– reliées par une conjonction : *Il est trois heures **et** je n'ai pas encore déjeuné.*
– l'une (la proposition subordonnée) est introduite par une conjonction et
insérée après ou avant l'autre (la proposition principale) :
<u>*Il a demandé*</u> *que tu viennes. Bien qu'il pleuve, <u>je sors</u>.*
    PRINC.   SUB.   SUB.   PRINC.
– ou remplacée par un infinitif (généralement quand le sujet des deux verbes
est le même). <u>*Il a demandé*</u> *à parler.*
               PRINC.

voir *CONJONCTIONS, PRÉPOSITIONS,* **POUR EXPRIMER LA CAUSE, LE BUT,**
LA CONSÉQUENCE, L'OPPOSITION

Il y a différents types de phrases :

Déclarative	*Je voudrais un jus d'orange.*
Interrogative	***Est-ce que** tu veux un jus d'orange ?*
Impérative	***Prends** un jus d'orange.*
Négative	*Je **n**'aime **pas** le jus de pomme.*
Passive	*Un grand carton de jus d'orange **a été renversé**.*
Emphatique	***C'est** un jus d'orange **que** j'ai commandé.*

voir *INTERROGATION, IMPÉRATIF, NÉGATION, PASSIF, EXCLAMATION*
POUR POSER DES QUESTIONS, DIRE NON, DIRE OU NE PAS DIRE, INSISTER

▶ *Pluriel*

Les déterminants, les adjectifs, les noms et les verbes conjugués sont au singulier ou au pluriel.

Le(s) droit(s) d'entrée dans l'(les) exposition(s) et le(s) musée(s) est(sont) compris.

voir *ACCORD, ADJECTIFS, VERBES, DÉTERMINANTS, PRONOMS*

Comment former le pluriel des noms ?

À L'ÉCRIT	ON AJOUTE	EXEMPLES	À L'ORAL Ça change ?
	-s	*les enfants, mes affaires*	non
sauf les noms se terminant par			
-s, -x, ou *-z*	**rien**	*les fils, les prix, des gaz*	non
-au, -eau, -eu	*-x*	*des bateaux, des jeux, Meilleurs vœux* MAIS : *des pneus, bleus*	non
-al (mais pas : *bal, carnaval, festival, récital*)	*-aux*	*des journaux, des animaux* MAIS : *des festivals*	**oui**
-ou : *bijou, caillou, chou, genou, hibou, joujou, pou* (7 noms)	*-x*	*des choux* MAIS : *des sous, des clous*	non
-ail : *bail, corail, émail, soupirail, travail, vantail, vitrail* (7 noms)	*-aux*	*des travaux* MAIS : *des détails, des rails*	**oui**
œil, ciel *œuf, bœuf*		*yeux, cieux* *œufs, bœufs*	**oui**

À RETENIR

✔ **À l'oral**, pour les mots commençant par une voyelle, le pluriel est signalé par le déterminant et la liaison avec le déterminant : *les_enfants, mes_amis, des_heures.*

✔ Une comptine pour se souvenir des 7 noms en *-ou* qui ajoutent un *x* au pluriel : *Viens mon chou, mon bijou sur mes genoux, prends ce caillou pour joujou. Vois-tu ce vieux hibou plein de poux ?*

✔ Le pluriel de : *Monsieur* → *Messieurs*
Madame → *Mesdames*
Mademoiselle → *Mesdemoiselles*

✔ Les noms propres de personnes sont invariables quand ils renvoient aux membres d'une famille : *les Caillon, les Millot* mais ceci n'est pas vrai pour les familles royales ou illustres : *les Bourbons.*

Pas facile...
Un grand nombre de manifestants s'étai... ? rassemblé... ? devant la mairie.
Singulier ou pluriel ? On a le choix : on peut insister sur l'ensemble ou sur les individus.
C'est la même chose avec : *la majorité des..., un groupe de...* suivis d'un nom au pluriel.
Après *le nombre, la majorité...* sans complément, le verbe est au singulier.
Après *beaucoup, la plupart, combien, peu, quelques-uns,* le verbe est au pluriel.
Beaucoup de gens étaient venus. MAIS : *La majorité est silencieuse.*

▶ Plus-que-parfait   voir TABLEAUX DE CONJUGAISON

Pour former le plus-que-parfait   voir *CONJUGAISON, PARTICIPE PASSÉ*
Quand utiliser le plus-que-parfait ?

C'est un des temps du passé. Il s'emploie :
– pour une action qui s'est produite avant un passé composé ou un imparfait :
J'ai revu l'employé qui m'avait renseigné.
Je pensais qu'ils étaient déjà arrivés.

– quand on raconte une histoire. Il renvoie à une suite d'actions terminées :
Il n'avait pas abandonné ses études, il était parti en Irlande pour un semestre.
À son retour, on lui avait offert un appartement près de l'université, il avait
décidé de déménager.   voir PARLER DU PASSÉ (3)

▶ Ponctuation

Point	.	– à la fin d'une phrase – entre les lettres de sigles	*Voici le plan de la ville.* *la S.N.C.F., E.D.F.-G.D.F.*
Virgule	,	– dans une énumération – elle sépare des groupes – pas de virgule devant *et, ou*	*J'ai acheté du pain, du beurre et du jambon.* *Venez, muni de votre carte.*
Point virgule	;	– pour relier deux phrases – pas de majuscule après « ; »	*Elle travaille trop ; elle finira par tomber malade.*
Deux points	:	devant une explication, une citation	*Je me suis réveillé : le téléphone sonnait.*
Points de suspension	...	quand on ne dit pas tout	*Je ne sais pas mais...*
Point d'interrogation	?	à la fin d'une question	*Comment allez-vous ?*
Point d'exclamation	!	pour marquer la surprise	*Quelle idée !*
Guillemets	« »	autour d'une citation	*Il a dit : « Non, merci ».*
Tiret	—	– dans un dialogue. – pour remplacer des ( ).	*– Bonjour Paul.* *– Bonjour Marie, ça va ?*
Trait d'union	-	– dans une inversion – certains noms composés	*Que veux-tu ? Je viens, a-t-il dit.* *Jean-Paul, un presse-citron.*

▶ *Possessifs*

Les adjectifs et pronoms possessifs établissent une relation entre personnes, objets (ou lieux), entre un « possesseur » et un « objet possédé » :
*Il est venu avec **sa** guitare* (fém.), ***sa** raquette* (fém.) *et **son** ballon* (masc.).
*Elle a envoyé **son** dossier* (masc.) *d'inscription.*
*Ouistreham : **son** casino* (masc.), ***son** musée* (masc.), ***sa** plage* (fém.)…
*Tu n'as pas de place, prends **la mienne**.*

« Possesseur » ↓	« Le nom » qui suit est :		
	MASCULIN	FÉMININ	PLURIEL
je	*mon* + nom *le mien*	*ma* + nom *mon* + voy. *la mienne*	*mes* + nom *les miens* *les miennes*
tu	*ton* + nom *le tien*	*ta* + nom *ton* + voy. *la tienne*	*tes* + nom *les tiens* *les tiennes*
une personne, un objet ou un lieu	*son* + nom *le sien*	*sa* + nom *son* + voy. *la sienne*	*ses* + nom *les siens* *les siennes*
nous	*notre* + nom *le / la nôtre*		*nos* + nom *les nôtres*
vous (sing. ou plur.)	*votre* + nom *le / la vôtre*		*vos* + nom *les vôtres*
des personnes, (ou objets)	*leur* + nom *le / la leur*		*leurs* + nom *les leurs*

mon ami, le mien
ma famille, mon amie, la mienne
mes collègues / les miens

ton numéro de téléphone, le tien
ta carte, ton adresse
tes affaires, les tiennes

son mari, sa place, son église (fém.)
la sienne
ses parkings

notre fils, notre fille
nos enfants, les nôtres

votre identité, la vôtre
vos papiers, les vôtres

leur enfant, le leur
leurs parents, les leurs

Pas facile…

✔ L'accord se fait en genre et en nombre avec le nom qui suit : *Elle* (fém.) *s'est présentée avec **son** passeport* (masc.).
Lui aussi, il (masc.) *avait **son** passeport* (masc.).

✔ Si le complément renvoie à une partie du corps et que la « personne » est mentionnée dans la phrase, on n'utilise pas le possessif mais l'article défini :
*Elle a tourné **la** tête. Elle s'est cassé **le** bras. Elle lui lave **les** mains. Il a **les** ongles sales. Donnez-vous **la** main.*

D'une phrase à l'autre

L'utilisation d'un adjectif possessif établit une relation entre deux noms tout en évitant la répétition du nom introduit avant :
***Le chanteur X** n'a jamais eu autant de succès. **Son** passage au Zénith…*

▶ *Pour*

C'est une préposition qui exprime :

– la destination : *Le car **pour** Verdun, s'il vous plaît ? Elle est **pour** toi, cette carte.*
– un équivalent de **selon** : ***Pour** moi, il n'y a pas d'autre solution.*
– le but : *Il faut manger **pour** vivre et non pas vivre **pour** manger. Mort **pour** la France.*
– la cause : *C'est **pour** cela que je reste.*

voir *PRÉPOSITIONS*

▶ *Pouvoir*   voir TABLEAUX DE CONJUGAISON

Ce verbe est toujours suivi d'un infinitif. Il exprime :

– une capacité : *Je peux traduire si vous voulez.*
– une possibilité : *Tu peux prendre ma place. Il pouvait y avoir cent personnes.*
– une suggestion (souvent au conditionnel) : *On pourrait aller au cinéma ce soir.*
On ne le trouve ni à l'impératif ni au passif.

À RETENIR

À la forme interrogative :
✔ Le conditionnel est utilisé comme forme de politesse : *Pouvez-vous m'aider ?* ou *Pourriez-vous m'aider ?*

✔ Il y a deux formes pour la première personne du singulier :
langue soutenue : ***Puis-je** entrer ?* langue courante : *Est-ce que je **peux** entrer ?*

▶ *Prépositions*

Une préposition est un mot invariable qui sert à introduire un complément :

– entre un verbe et un nom / pronom : *répondre **au** téléphone / **à** une lettre, répondre **sur** le champ, **avec** enthousiasme / **sans** hésitation… partir **pour** le Japon, compter **sur** un ami…*

– entre un verbe et un infinitif : *répondre **de** venir, apprendre **à** conduire*

– entre un verbe et un participe présent : *répondre **en** criant*

– entre deux noms : *une serviette **de** plage, un jeu **de** cartes, un jaune **d'**œuf, une cuillère **à** café, une vue **sur** le port, un sac **en** plastique…*

– entre un adjectif et un nom / pronom : *il est content **de** son séjour / **de** nous…*

Il y a des prépositions très fréquentes qui ont plusieurs sens :

	À	DE	EN
lieu	Je vais *à la gare.* Je vais *au Canada.* J'habite *à New York.* *au piano, au lycée*	Je viens *de la gare.* J'arrive *de Madrid.* Bons baisers *de Paris.* un vin *de pays*	Elle se rend *en Italie.* Il est *en route.* *en France, en Europe,* *en Italie, en Grèce*
temps	*à l'époque* Je pars *à 4 heures.* *au mois de mai* *au printemps,* *à l'automne* *au petit matin / à l'aube*	*de 1995 à 1997* *de 2 à 4* *de mai à juin* *du lundi au jeudi* *de jour / de nuit*	*en 1914* Je l'ai fait *en 4 heures.* *en juin* *en hiver, en été,* *en automne* *en pleine journée / nuit*
appartenance	*C'est à Christophe.* *Ça appartient au musée.*	le livre *de Charles* un film *de Beneix* un roman *de Camus*	
moyen de transport	voyager *à pied, à moto,* *à bicyclette, à cheval*		*en train, en voiture,* *en avion, en vélo,* *en bateau, en autocar*
destination (à quoi ça sert)	une machine *à laver* une cuillère *à café* un verre *à vin*	une salle *de bains* une salle *de séjour* une tente *de camping*	
contenu (rempli de)		une cuillère *de sucre* un verre *de vin* une boîte *de biscuits*	
élément caractéristique	la fille *aux yeux bleus* une piscine *à vagues*	une personne *de bonne* humeur	forte *en maths* bon *en français*
composé de	une quiche *aux oignons* du thé *au citron*	un chapeau *de paille* un appartement *de* *3 pièces*	un exposé *en 3 parties*
matière		une statue *de pierre* un foulard *de soie*	un sac *en cuir* une boîte *en carton*
cause		mourir *de faim* grelotter *de froid*	
manière	*à voix haute / basse* *à toute vitesse*	d'un air méchant de façon gentille	*en uniforme, en veste* *en maillot de bain* *en public / en privé*
valeur	une sucette *à 5 F* un sandwich *à 20 F*	un billet *de 50 F* une pièce *de 20 centimes.*	

À RETENIR

*aller **chez** le coiffeur, **chez** le médecin*	*aller **au** supermarché, **à** l'hôpital*
*être fâché **contre** quelqu'un*	*crier **après** quelqu'un*
*lire **dans** un journal* MAIS :	*voir **à** la télévision / voir **sur** l'écran*
*s'asseoir **dans** un fauteuil*	*s'asseoir **sur** une chaise*

Pour exprimer l'appartenance, la possession, on dit :

      de + nom   *à* + pronom

*Les enfants **de** Jeanne*	*Un ami **à** elle.*
*La chambre **de** mon frère.* MAIS :	*Il a une chambre **à** lui tout seul.*
*Une réunion **de** famille.*	*C'est une idée **à** moi.*

voir *à* ou *chez* **?**, *par, pour,* POSSESSIFS

Les prépositions (ou « locutions prépositionnelles » quand elles sont constituées de plusieurs mots) expriment :

le but	*pour, afin de, dans le but de, en vue de…*
	de peur de, de crainte de, pour ne pas…
la cause	*à cause de, à force de, grâce à, en raison de, du fait de,*
	par suite de, sous prétexte de…
la condition	*sauf, à condition de, au cas où, à moins de…*
la conséquence	*de façon à, de manière à…*
le lieu	*à, de, en, par, pour, chez, contre, dans, devant, derrière, entre,*
	parmi, sous, sur, vers, à l'intérieur de, au centre de, au milieu de,
	au-dessus de, au dessous de, au-delà de, autour de, hors de,
	au-dehors de, à l'extérieur de, jusqu'à, à côté de,
	aux environs de, auprès de, en face de, loin de, par-dessous,
	par-dessus, près de, le long de…
la manière	*à, avec, sans, en, par, à l'aide de, à la manière de, au moyen de,*
	selon…
l'opposition	*excepté, hormis, malgré, sauf, au lieu de, en dépit de,*
	loin de, contre, contrairement à…
le temps	*à, après, avant (de), dans, depuis, à partir de, dès, durant, en,*
	entre, au cours de, pendant, vers, jusqu'à, en attendant,
	au moment de…

voir **POUR EXPRIMER UNE CONDITION, LA CAUSE, LE BUT, LA CONSÉQUENCE, L'OPPOSITION, POUR MESURER LE TEMPS, POUR SE SITUER DANS L'ESPACE, POUR DIRE D'OÙ ON VIENT, OÙ ON VA…**

▶ *Présent*   voir *CONJUGAISON*, TABLEAUX DE CONJUGAISON

Pour former le présent

	INFINITIFS EN -*ER* *marcher, parler, pousser…*	AUTRES VERBES : *finir, lire, prendre, voir*	EXCEPTÉ : *pouvoir, vouloir, valoir*
je	*march -e*	*fini-s, prend-s*	*peu-x, veu-x, vau-x*
tu	*pouss -es*	*li-s, voi-s*	*peu-x, veu-x, vau-x*
il	*parl -e*	*voi-t, prend*	*peu-t, veu-t, vau-t*
nous		*march-ons, voy-ons, pouv-ons*	
vous		*pouss-ez, finiss-ez, pouv-ez*	
elles		*parl-ent, lis-ent, peuv-ent*	

À RETENIR

✔ **Les verbes en -*er* :**

– qui se terminent par -*cer* ou -*ger* :   voir *c* ou *ç ? g, ge* ou *gu ?*

– qui se terminent par -*e-* ou -*é* + consonne + -*er* : leur radical change pour toutes les personnes sauf *nous* et *vous*.
ach**e**ter : *j'ach**è**te, tu ach**è**tes, il ach**è**te, nous achetons, vous achetez, ils ach**è**tent.*
(aussi : *achever, congeler, haleter, lever, mener, peler, peser, semer, se promener*)
esp**é**rer : *j'esp**è**re, tu esp**è**res, il esp**è**re, nous espérons, vous espérez, ils esp**è**rent.*
(aussi : *aérer, célébrer, compléter, exagérer, posséder, préférer, répéter*)

– qui se terminent par -*eler* et -*eter* : certains redoublent la consonne.
appeler : *j'appe**ll**e, tu appe**ll**es, il appe**ll**e, nous appelons, vous appelez, ils appe**ll**ent.*
jeter : *je je**tt**e, tu je**tt**es, il je**tt**e, nous jetons, vous jetez, ils je**tt**ent.*
(aussi : *épeler, étinceler, feuilleter, renouveler*)

– qui se terminent par -*yer* (-*oyer*, -*uyer*) : ils changent le *y* en *i* devant un *e*.
Envoyer : j'envoie. Nettoyer : je nettoie. Appuyer : j'appuie.

Les verbes en -*ayer* ont les deux orthographes : *Payer : je paye / paie.*
(*balayer, employer, ennuyer, envoyer, essayer, nettoyer, noyer, tutoyer*)

– *Aller* :   voir TABLEAUX DE CONJUGAISON

✔ **Les verbes en -*ir* :**

– Certains ajoutent -*ss*- aux personnes du pluriel : *nous finissons, vous finissez, ils finissent.* (aussi : *agrandir, choisir, grandir, fleurir, remplir*)
– *cueillir, offrir, ouvrir, souffrir* se conjuguent comme les verbes en -*er* et se terminent par -*e*, -*es*, -*e* aux personnes du singulier : *j'ouvre, tu offres, il souffre.*

✔ **Autres verbes :**   voir TABLEAUX DE CONJUGAISON

Quand utiliser le présent ?

– pour renvoyer au moment présent :   voir *être en train de*
Ils regardent la télévision.

– pour une période qui couvre en partie le passé et l'avenir :
J'apprends le français. (j'ai commencé il y a dix ans et je continue)
Nous regardons la télévision tous les soirs. (c'est une habitude)
L'eau gèle à 0 degré. (c'est vrai maintenant et de façon générale)

– pour renvoyer au passé :
À l'oral : *Si tu avais vu ça. Il reprend le ballon, il tire et marque. C'était splendide.*
À l'écrit : dans les livres d'histoire, par exemple :
En 1799, Napoléon Bonaparte prend le pouvoir. C'est le début du Consulat...

– pour renvoyer au futur : *On mange dans cinq minutes.*
                                          voir PARLER DU PRÉSENT (1) (2)

▶ Pronoms

Un pronom remplace un nom, parfois un adjectif ou même une phrase :
Elle (*elle* = Madame Dubois) *l'est.* (*l'* = surprise)
Tu en as besoin. (*en* = de ce document)
Ils y pensent (*y* = à leur examen, à venir passer le week-end...)

Il y a différents types de pronoms :

PERSONNELS	*je, tu, il, elle, me, te, se, le, la, lui, nous, vous, ils, elles, leur, en, y...*
DÉMONSTRATIFS	*celui, celle, ceux, celles, ce, c', ça, ceci, cela*
POSSESSIFS	*la mienne, la sienne, le tien, le sien, la nôtre, la vôtre, la leur...*
INTERROGATIFS	*qui, que, quoi, où, lequel, laquelle, lesquels, lesquelles*
NÉGATIFS	*aucun(e), nul(le), personne, rien*
RELATIFS	*qui, que, quoi, dont, où, à laquelle, duquel...*
INDÉFINIS	*tout, tous, toutes, certains, plusieurs, la plupart, chacun, quelque chose, quelqu'un, quelques-uns...*

                voir *PRONOMS PERSONNELS, DÉMONSTRATIFS, POSSESSIFS,*
                    INTERROGATIFS, NÉGATION, RELATIFS, INDÉFINIS

▶ Pronoms personnels

Pour choisir un pronom personnel, il faut connaître la réponse aux questions
suivantes :

– Quelle est sa fonction dans la phrase ? Si c'est un complément d'objet indirect, quelle préposition viendrait après le verbe ? Le pronom remplace-il une personne ou une chose ?

– Quelle personne ? 1re ? 2e ? 3e ? singulier ? pluriel ?

– Si c'est la 3e, quel genre ?

FONCTION	PRONOM SINGULIER	PRONOM PLURIEL	EXEMPLES
Sujet	*je, tu, il, elle, on*	*nous, vous, ils, elles*	***Tu** as faim ? **On** mange.* ***Vous** comprenez ?*
Complément d'objet direct	*me, te, se, le, la*	*les, nous, vous se*	*Tu **me** réveilles à 8 heures ?* *Vous **les** avez revus ?*
Complément d'objet indirect introduit par **à** (personne)	*me, te, se, lui, à moi, à toi, à lui, à elle*	*leur, se à nous, à vous, à eux, à elles*	*Tu **m' / leur / nous** écriras ?* *Donnez-**lui** toutes nos amitiés.* *Nous pensons **à vous**.* *Adressez-vous **à lui**.*
(chose ou lieu)	*y*		*Tu **y** as pensé ?* *Allez-**y**.*
Complément d'objet indirect introduit par **de** (personne)	*de moi, de toi, de lui, d'elle*	*de nous, de vous d'eux, d'elles*	*Parlez-moi **d'elle / d'eux**.* *Se souvient-il **de moi** ?*
(chose ou **lieu**)	*en*		*Je m'**en** souviens. (de ton anniversaire)* *J'**en** viens. (du Portugal)*
Complément introduit par une autre préposition	préposition *(sur, en, pour…)* + *moi / toi / lui / elle*	Préposition + *nous / vous / eux / elles*	*Vous pouvez compter **sur moi / nous**.* *Tu as voté **pour lui** ?*

D'une phrase à l'autre

✔ *Je, tu, nous, vous* représentent toujours une personne : celle qui parle ou celle à qui on parle. **À l'oral**, l'utilisation du pronom *je* est une invitation à la participation de l'autre : le *tu* (ou le *vous*).

✔ L'utilisation d'un pronom plutôt que d'un nom permet d'éviter la répétition :

*En général, les bureaux de Poste sont ouverts entre 8 et 19 h en semaine et de 8 à 12 h, le samedi. Vous pouvez **y** changer des devises ou des chèques de voyage.*

*Aline habite avec sa sœur dans un appartement en banlieue. Tous les dimanches, **elles le** quittent pour retrouver la maison familiale : une grande ferme dans le Poitou…*

À RETENIR

✔ *Se* ou *le, se* ou *lui* ?

Avec *se*, le sujet et l'objet renvoient à la même personne :
Pierre se réveille (= lui-même). MAIS : *Elle le réveille.* (= Elle réveille Pierre)
Elle se demande si elle a assez d'argent. (= Elle se pose la question)
MAIS : *Elle lui demande si elle a assez d'argent.* (= Elle pose la question à…)

✔ *Leur*, pronom personnel, est invariable. Il ne faut pas le confondre avec *leur / leurs* adjectif possessif. *Leurs parents leur ont donné 100 francs.*
                possessif   pronom personnel   voir *POSSESSIFS*

✔ Devant un mot commençant par une voyelle :
je, le, me, se et *te* deviennent *j', l', m', s', t'* :
Je m'appelle Charlotte. J'habite rue du Moulin. Ça s'écrit m, o, u, l, i, n.

✔ On met un trait d'union entre le verbe et le pronom dans une question et à l'impératif :
Veux-tu du sucre ? Vous a-t-il donné une réponse ? Donnez-moi votre adresse.

Quand plusieurs pronoms viennent directement après le verbe, ils sont reliés par des traits d'union :   *Donne-lui-en.*   *Apporte-le-moi.*
sauf s'il y a une apostrophe : *Apporte-m'en un grand.*

Pas facile…

Quand utiliser :

✔ *y* ou *à* + pronom ?
y pour renvoyer à une chose ou à un lieu, *à* + pronom pour renvoyer à une personne :
N'oublie pas le pain. – Non, j'y penserai. (= au pain)
MAIS : *J'ai pensé à eux.* (= mes amis)

✔ *en* ou *de* + pronom ?
en pour renvoyer à une chose ou à un endroit, *de* + pronom pour renvoyer à une personne :
J'ai besoin de vous. (= pour m'aider à déplacer ce meuble)
Tu en as ? (= de l'argent) – *Non, mais j'en ai besoin.*

✔ *lui* ou *à lui, de lui* ?
Pour un complément d'objet indirect renvoyant à une personne :

Je lui demande /Je lui parle me / te / lui / nous / vous / leur	*Je m'adresse à lui / Je parle de lui* à ou de + moi / toi / lui / nous / vous / eux / elles
APRÈS *acheter, donner, envoyer, demander, parler, écrire, expliquer, téléphoner, répéter, permettre, répondre, dire, rappeler*	APRÈS *penser à, rêver à, songer à, s'intéresser à, s'adresser à, se présenter à, s'habituer à, faire attention à, avoir recours à…* *parler de, s'occuper de, s'éloigner de, avoir besoin de, être jaloux de…*

Ordre des pronoms

Il dépend du type de phrase.

Pronoms devant le verbe :

• Phrase déclarative, interrogative (par l'intonation) ou impérative (avec négation) :

Sujet (ne)	1	2	3	4	5	
je	me	le				verbe +
tu	te	l'				(pas)
il, elle	se		lui	y	en	
on		la	leur			
nous	nous					
vous	vous	les				
ils, elles						

*On **le lui** a volé.* (son sac) *On **vous l'**a volé ?*
*Tu **nous en** rapporteras ?* (des galettes bretonnes)
*Si vous allez au marché, vous **y** trouverez des produits de la région.*
*Ne **m'y** rejoins pas. Ne **le lui** répétez pas.*

> **Pas facile...**   voir ACCORD
>
> Il ne faut pas oublier l'accord du participe passé avec le pronom complément d'objet direct placé devant le verbe : *Je les ai mises dans la boîte.* (les lettres)

• Phrase interrogative (par inversion)

L'ordre des pronoms est le même excepté que le pronom sujet vient après le verbe dans les questions par inversion ; les autres pronoms sont devant le verbe (ou l'auxiliaire dans un temps composé).
***Me le** montrerez-vous ? **Le leur** as-tu dit ? **Y** reviendras-tu ?*

Pronoms après le verbe :

• Phrase à l'impératif (forme affirmative)

	1	2	3	4	5 (lieu)
verbe	le	moi / m'	y	en	là
	la	toi / t'	lui		y
	les	nous*	leur		
		vous			

*Asseyez-**vous** là. Donne-**la-lui**.* (= ta place) On entend souvent : « *Donne-lui* ».
*Donne-**lui-en** une à la vanille.* (= une glace) *Donne-**m'en**. Pensez-**y**.*
* *Répète-le-nous* ou *répète-nous-le : les deux phrases sont possibles.*

▶ *Que*   voir *RELATIFS, CONJONCTIONS,* **CONSTRUCTIONS VERBALES**

Il ne faut pas confondre *que* pronom relatif et *que* conjonction.

Le pronom relatif vient après le nom qu'il remplace et introduit
un renseignement sur l'objet, la personne, le lieu… :
C'est le blouson **que** *j'ai acheté hier.*

La conjonction vient souvent après un verbe. Elle introduit une proposition :
Il faut **que** *tu réserves ta place.*
Elle peut faire partie d'une locution : *bien que, pour que, avant que…* :
Préviens-nous **dès que** *tu arriveras.*

À RETENIR

Que s'écrit *qu'* devant *il, ils, elle, elles, eux, un, une, on* et *en.*

▶ *Relatifs*

Ce sont des pronoms qui relient deux phrases autour d'un même nom :

– *Il a trouvé un appartement. Cet appartement est dans le centre.*
  → *Il a trouvé un appartement* **qui** *est dans le centre de la ville.*

– *Il a un appartement. Vous pourrez l'utiliser cet été.*
  → *Il a un appartement* **que** *vous pourrez utiliser cet été.*

– *Je suis allé(e) voir le film. Tout le monde en parle.*
  → *Je suis allé(e) voir le film* **dont** *tout le monde parle.*

– *Rendez-vous au restaurant du port. Nous avons réservé une table dans ce restaurant.*
  → *Rendez-vous au restaurant du port* **où** *nous avons réservé une table.*

D'une phrase à l'autre
Avec des pronoms relatifs, on peut regrouper plusieurs phrases en une seule :
J'ai vu une robe dans les soldes. + Cette robe te plaisait. + Tu trouvais cette robe trop chère.
→ **J'ai vu la robe qui te plaisait mais que tu trouvais trop chère, dans les soldes.**

Pour savoir quel pronom utiliser, il faut pouvoir répondre à deux questions :
– Quelle est la fonction du nom qui est remplacé ?
– Est-ce que c'est une personne ou une chose ?

LE NOM REMPLACÉ SERAIT :	PERSONNE OU CHOSE ?	PRONOMS RELATIFS	EXEMPLES
Sujet	personne ou chose	*qui* *ce qui*	*Voici Carole qui est la sœur d'Adrien.* *Tu sais ce qui s'est passé ?*
Complément d'objet direct COD	personne ou chose	*que* *ce que* *tout ce que*	*C'est la personne que vous cherchez.* *J'ai exactement ce que tu cherches.* *Raconte-moi tout ce qu'il t'a dit.*
Complément d'objet indirect COI	personne	*dont* (ou *de qui*), *à qui / auquel / à laquelle*	*Voici l'étudiant dont je vous ai parlé.* *Voici la personne à qui / à laquelle j'ai parlé de nos problèmes.*
	chose	*dont, pour lequel, auquel* *ce à quoi*	*C'est un film dont on parlera.* *C'est un bruit auquel on s'habitue.* *C'est ce à quoi je pense.*
Complément du nom	personne ou chose	*dont*	*La personne dont le billet se termine par 536 a gagné le gros lot.*
Complément de lieu	lieu (chez quelqu'un)	*chez qui*	*Les gens chez qui nous allons sont très gentils.*
	lieu	*où, dans lequel, sur lequel...*	*C'est la maison où il habite.* *C'est le port par lequel on arrive.*
de temps	temps	*où, le moment où*	*C'est le jour où nous partons.*
Préposition + autres compléments	personne	*avec (pour, sur...)* *qui / lequel / laquelle...*	*L'enfant avec lequel / avec qui il joue...* *Le candidat pour lequel ils ont voté...*
	chose	*avec (pour, sur...)* *lequel / laquelle / lesquels / lesquelles*	*C'est l'excursion pour laquelle ils ont payé.* *Ce sont les amis avec lesquels je pars en vacances.*

Pas facile...

✔ **Le verbe qui suit un pronom relatif sujet se conjugue à la personne du nom remplacé :** *C'est moi qui ai téléphoné. C'est nous qui avons réservé.*

✔ ***Ce qui, ce que, ce dont* peuvent remplacer toute une phrase :** *Il parle couramment le français, l'anglais et l'espagnol, ce qui lui est très utile. Sais-tu ce que tu feras l'année prochaine ?*

✔ **Après des verbes comme** *trouver, chercher, savoir,* **après** *il y a* **à la forme interrogative ou négative, le pronom relatif est suivi de l'indicatif, du conditionnel ou du subjonctif pour montrer la certitude ou le doute qu'on a de voir quelque chose arriver :** *Je cherche une personne qui peut me faire de la monnaie. (Je trouverai) Connaissez-vous quelqu'un qui pourrait me remplacer ? (Je ne suis pas sûr de trouver) Y a-t-il quelqu'un qui puisse me trouver un billet pour le match ? (Il est peu probable que je trouve)*

▶ *Subjonctif*   voir *CONJUGAISON*, **TABLEAUX DE CONJUGAISON**

Pour former le subjonctif présent

Il faut partir de la 3ᵉ personne du pluriel du présent de l'indicatif :

		terminaisons
je	*voyag(ent)*	*-e*
tu	*prenn(ent)*	*-es*
il	*finiss(ent)*	*-e*
nous	*vend(ent)*	*-ions*
vous	*sort(ent)*	*-iez*
ils	*reçoiv(ent)*	*-ent*

Si le radical qui vient après *nous* et *vous* est irrégulier au présent de l'indicatif, l'irrégularité est conservée au subjonctif :
VENIR : je vienne, tu viennes, il vienne, nous venions, vous veniez, ils viennent.

Verbes irréguliers

ALLER	*j'aille, tu ailles, il aille, nous allions, vous alliez, ils aillent.*
AVOIR	*j'aie, tu aies, il ait, nous ayons, vous ayez, ils aient.*
ÊTRE	*je sois, tu sois, il soit, nous soyons, vous soyez, ils soient.*
FAIRE	*je fasse, tu fasses, il fasse, nous fassions, vous fassiez, ils fassent.*
FALLOIR	*il faille.*
PLEUVOIR	*il pleuve.*
POUVOIR	*je puisse, tu puisses, il puisse, nous puissions, vous puissiez, ils puissent.*
SAVOIR	*je sache, tu saches, il sache, nous sachions, vous sachiez, ils sachent.*
VALOIR	*je vaille, tu vailles, il vaille, nous valions, vous valiez, ils vaillent.*
VOULOIR	*je veuille, tu veuilles, il veuille, nous voulions, vous vouliez, ils veuillent.*

Les temps passés du subjonctif

Le plus utilisé est un temps composé formé à partir de l'auxiliaire au subjonctif présent et du participe passé : *J'aurais voulu que tu l'**aies vu**.*

Ces temps ne s'utilisent que dans la langue soutenue. On peut les remplacer par le subjonctif présent : *J'aurais voulu que tu le **voies**.*
Sauf quand l'antériorité doit être marquée :
*Je ne crois pas qu'elle **ait écrit** / qu'il **soit parti**.*

Quand utiliser le subjonctif ?   voir CONSTRUCTIONS VERBALES, *ne, ne...que*

– Après les verbes exprimant la volonté, la nécessité, le désir, le regret, la crainte et l'éventualité :

Accepter	**O**rdonner	*Il arrive*
Aimer (mieux)	**P**ermettre	*Il est compréhensible*
Attendre	*Préférer*	*Il est dommage*
Avoir envie	*Proposer*	*Il est essentiel*
Avoir hâte	**R**edouter	*Il est important*
Avoir horreur	*Refuser*	*Il est naturel*
Avoir peur	*Regretter*	*Il est nécessaire*
Consentir à	**S**'attendre à	*Il est normal*
Craindre	*S'opposer à*	*Il est possible*
Demander	*Souhaiter*	*Il est regrettable*
Déplorer	*Suggérer*	*Il est temps*
Désirer	*Se plaindre*	*Il faut*
Douter	**T**enir à	*Il vaut mieux*
Exiger	**V**ouloir	*Il se peut*
Interdire		

Pas facile…

On dit : *Je souhaite **que tu viennes**. Je voudrais **que tu viennes**.* MAIS : *J'espère **que tu viendras**.*
Espérer est souvent suivi du futur.

– Après des constructions verbales exprimant un sentiment :
Ça m'étonne *qu'il soit en retard*. **Il est étonnant** *qu'il soit en retard*.
Je suis étonné(e) *qu'il soit venu*.
Avec les verbes : *contrarier, décevoir, décourager, ennuyer, gêner, inquiéter, intéresser, surprendre…*

– Après certaines conjonctions exprimant le but, la crainte, l'opposition, la supposition…   voir CONJONCTIONS, *ne, ne...que*

À condition que	De façon que	**N**on que…
À moins que	De manière (à ce) que	**P**our peu que
À supposer que	De peur que	Pour que
Afin que	**E**n admettant que	Pourvu que
Avant que	En attendant que	**Q**uoique
Bien que	Encore que	**S**ans que
De crainte que	En supposant que	**S**oit que… soit que…

Pas facile…

Avant que est suivi d'un subjonctif. MAIS : **Après que** est suivi d'un indicatif :
*Ils ont pris des photos **après que je suis allé(e)** chez le coiffeur.*
*Ils ont pris des photos **avant que j'aille** chez le coiffeur.*

– Après certains verbes d'opinion ou de jugement, à la forme interrogative ou négative : *penser, croire, trouver, avoir l'impression*
Pensez-vous *qu'il vienne ?* ***Je ne pense pas*** *qu'il vienne.*

À la forme affirmative, ces verbes sont suivis d'un indicatif :
Je pense qu'il viendra.

Pour *douter* c'est le contraire : *Je ne doute pas qu'il sera reçu.*
MAIS : *Je doute qu'il soit le premier à répondre.*

– Après une relative introduite par *le seul, le dernier, le premier, personne, rien* ou un superlatif :
C'est ***le seul*** *qui soit disponible.*
C'est ***le plus grand que*** *nous ayons.*
Il n'y a ***rien qui*** *puisse l'aider ?*

voir *RELATIFS*

Pas facile...

À l'oral, on entend souvent l'indicatif, même après *penser* ou *croire* à la forme négative ou interrogative : *Je ne crois pas qu'il* ***a entendu****. Penses-tu qu'il* ***va venir*** *?*

On peut aussi l'entendre dans les relatives :
C'était le seul qui ***restait****. Il n'y a personne qui* ***peut*** *me répondre ?*

▶ *Sujet*

C'est le nom ou le pronom qui se trouve devant le verbe :
Il *attend.* ***Julie*** *écrit.* ***Le temps*** *change.*

sauf dans certains cas d'inversion :
– pour une question. *Parlez-****vous*** *français ? As-****tu*** *aimé ce film ?*

– pour indiquer qu'on rapporte des paroles, au milieu ou à la fin d'une phrase.
*Bien sûr, a-t-****il*** *répondu.*

– après *ainsi, aussi, peut-être, sans doute* quand ils sont au début d'une phrase.
*Peut-être viendra-t-****il****.*

À RETENIR

Un petit truc pour trouver le sujet : poser la question *qui est-ce qui ?, qu'est-ce qui ?* ou *qui ?* suivie du verbe, la réponse vous donne le sujet.
*Le temps change. (****Qu'est-ce qui*** *change ? le temps.)*
*Julie écrit son nom. (****Qui*** *écrit ? Julie.) Éric attend ses amis. (****Qui*** *attend ? Éric.)*

▶ *Tout, tous* ou *toute(s)* ?

C'est un pronom.

– Au singulier, il s'écrit *tout* ; il a le sens de « toutes les choses » :
*Il a **tout** compris. **Tout** a une fin.*

– Au pluriel, il est masculin ou féminin :
*Ils sont **tous** venus à l'excursion.*
*Elles ont **toutes** répondu à l'invitation.*

C'est une partie du déterminant.

Il se place devant un article + un nom. Il s'accorde en genre et en nombre avec le nom qui suit :
*Il lui téléphone **toutes** les semaines.*
*En voiture, la ceinture est obligatoire pour **tous** les passagers.*
*Il est **tout** le temps chez nous.*

C'est un adjectif.

Il se place directement devant le nom (sans article). Il s'accorde en genre et en nombre avec le nom. Il a le sens de « n'importe quel » :
***Tout** objet suspect sera immédiatement détruit.*
*Ils ont pris une assurance **tous** risques.*
***Toute** ressemblance avec la réalité est entièrement fortuite.*

C'est un adverbe.

Il a le sens de « tout à fait » :
*Elle était **tout** étonnée. Ils sont **tout** émus.*

Il est invariable sauf devant un adjectif féminin qui commence par une consonne ou un *h* aspiré :
*Des sauces **toutes** prêtes.*

On trouve *tout* dans certaines expressions :
De toute façon… (ou *de toutes façons*), *de toute manière,*
tout à coup, tout de suite, à tout à l'heure, tout compte fait.
Des tout-petits, le Tout-Paris, Monsieur Tout-le-monde.

▶ *Verbes*

Le verbe est une des deux parties essentielles de la phrase.
Il est constitué d'un radical et d'une terminaison :
*je **donn**-e, tu **met**-s, il **grandi**-t, nous **parl**-ons, vous **ri**-ez, elles **dorm**-ent.*

La terminaison d'un verbe donne des renseignements sur :
– la personne : *partons* (1re personne du pluriel) ; *écoutez* (2e personne du pluriel) ; *parlent* (3e personne du pluriel) ; *manges* (2e personne du singulier).
– le nombre : *viens, range* (singulier), *attendons* (pluriel).
– le moment où ça se passe : présent, passé, futur.
(Le téléphone) sonne. (Ils) arrivèrent. (Ils) attendront.

> *Pas facile…*
>
> ✔ **À l'écrit**, « *s* » peut renvoyer à une 1re ou une 2e personne : *je tiens, tu sonnes, vous êtes.* « *e* »peut renvoyer à une 1re, 2e ou 3e personne : *je mange, elle mange, mange ta soupe.*
>
> ✔ **L'oral** et **l'écrit** ne donnent pas toujours autant d'information.
> Si on prend le verbe *parler* au présent :
> – **à l'écrit**, il y a cinq formes différentes : *parle, parles, (parle), parlons, parlez, parlent.*
> – **à l'oral**, il y en a seulement trois : [*parl*] (1re, 2e personnes du singulier, 3e personnes du singulier et du pluriel) et [*parlõ*] (1re personne du pluriel), [*parle*] (2e personne du pluriel).
> La même information ou une information supplémentaire est donnée par le pronom sujet : *je, tu, il, elle, on, nous, vous, ils, elles.*

La conjugaison distingue différents modes :
voir **INDICATIF, SUBJONCTIF, CONDITIONNEL** et **IMPÉRATIF.**

Les **tableaux de conjugaison** des verbes présentent la liste des formes verbales pour :
– chaque temps de l'indicatif (présent, imparfait, passé composé, futur, passé simple, plus-que-parfait, passé antérieur et futur antérieur),
– chaque temps du conditionnel (présent, passé),
– chaque temps du subjonctif (présent, passé, imparfait),
– l'impératif,
– l'infinitif,
– le participe présent.
La majorité des verbes sont réguliers ; il y a quelques verbes irréguliers qui sont très fréquents et dont le radical change pendant la conjugaison.
voir *CONJUGAISON,* **TABLEAUX DE CONJUGAISON**

Constructions verbales

Certains verbes sont toujours utilisés sans complément. Ils sont **intransitifs**.
Il pleut. Tu as bien dormi ? L'appareil ne fonctionne pas.

La plupart des verbes sont **transitifs**, c'est-à-dire qu'ils peuvent être suivis d'un ou de plusieurs compléments.

*Prends **un parapluie**. Il vous faut **des photos d'identité**.*
*Elle a donné **sa place** à **une personne âgée**.*
*Elles **nous** ont apporté **du chocolat**.*

voir *COMPLÉMENT D'OBJET, PRÉPOSITIONS*

Certains verbes sont suivis :

– d'une proposition introduite par *que* + subjonctif ou + indicatif :
*Il faut **que tu fasses attention**.*
*Il dit **qu'il n'a pas compris**.*

– d'un infinitif :
*Je voudrais **rentrer**.*

Les constructions changent selon les verbes.

voir **CONSTRUCTIONS VERBALES**

▶ *Verbes pronominaux*

Ce sont des verbes qui se construisent à l'infinitif avec le pronom *se*.

Ils se conjuguent avec l'auxiliaire *être*. Le pronom change selon la personne :
*Je **me** prépare.*
*Tu **te** dépêches. Comment **t'**appelles-tu ?*
*Il **se** plaint. Où **se** passe l'action ? On **s'**est inquiété.*
*Nous **nous** connaissons.*
*Vous **vous** asseyez.*
*Ils **se** sont mariés.*

voir *ACCORD, AUXILIAIRE*

Un verbe pronominal est utilisé :

– quand le sujet et l'objet renvoient à la même personne :
Je me lève. Je me lave. Je me peigne. Je me regarde dans la glace.

– quand l'action est réciproque ; le sujet est alors au pluriel :
Paul et Virginie s'aiment. Les enfants se battent.

– quand le sujet est inanimé (une chose, pas une personne) et qu'il subit l'action. On pourrait aussi commencer la phrase par *on* :
Ce plat se mange en hors d'œuvre. (= On mange ce plat…)

Certains verbes ne s'utilisent qu'avec *se* : *s'adonner, s'absenter, s'abstenir, s'écrier, s'enfuir, s'évanouir, se moquer de, se souvenir, se suicider, s'en aller…*

▶ *Vouloir*   voir TABLEAUX DE CONJUGAISON

Ce verbe ne se trouve ni à l'impératif (excepté *Veuillez*) ni au passif.

Il prend différents sens selon le temps et la construction qui le suivent :

– Au conditionnel présent, il sert de forme de politesse pour exprimer un désir, une demande :
Je voudrais trois tranches de jambon, s'il vous plaît.

– À la fin d'une lettre, il introduit une des formules de politesse :
Veuillez agréer, Madame, l'assurance de ma considération distinguée...

– Suivi de *que* et d'un verbe au subjonctif, il exprime un ordre :
Je veux que tu viennes. Il veut que nous l'attendions.

– Suivi d'un infinitif, il exprime la volonté :
Il veut être interprète. Je veux comprendre.

À RETENIR

Quand le verbe *vouloir* et le verbe qui suit ont le même sujet, le deuxième verbe est à l'infinitif. Si les deux sujets sont différents, on utilise **que** + subjonctif :
*Je voudrais **voir** ce film. Je voudrais **que tu voies** ce film.*

▶ *Y*   voir *aller,* POUR DIRE OÙ ON VA, *PRONOMS PERSONNELS*

C'est un pronom qui renvoie :

– à un lieu : *Tu vas **y** aller ?*

– à une chose (complément introduit par *à*) : *J'**y** pense.*

Il fait partie de locutions : *Ça **y** est. Il **y** a..., s'**y** connaître...*

POUR PARLER DE QUELQUE CHOSE OU DE QUELQU'UN

voir *FÉMININ, MASCULIN, PRONOMS,*
ADJECTIFS, PRÉPOSITIONS, RELATIFS

POUR PRÉSENTER...

C'est... Ce sont... Il s'agit de...
*Dans cette ville, **il y a**...*
*Je te **présente** Pierre, Mathilde...*
***Voici** mon adresse. **Voilà** votre monnaie.*

voir POUR PARLER DU PRÉSENT (1) : présentations

POUR RENVOYER À UNE PERSONNE OU À UN OBJET... UN NOM OU UN PRONOM

au masculin : *un journal, un illustré, mon frère, un agent, un autobus, le 36, un film, celui-ci...*
au féminin : *ma chambre, cette rue, mon amie Michèle, une vendeuse, une voiture, celle-là...*

POUR DÉCRIRE, ON AJOUTE :
– UN OU PLUSIEURS ADJECTIFS

*un taxi **libre**, un journal **spécialisé mensuel**, une chambre **minuscule**, une rue très **animée**, un **jeune** Américain, une étudiante **brésilienne**.*

– UNE PRÉPOSITION SUIVIE D'UN NOM

*un enfant **de 7 ans**, le film **d'hier**, les passagers **du vol** 642, une ligne **en dérangement**.*

– UNE RELATIVE

*un appartement **qui est en plein centre ville**,*
*un film **dont tout le monde parle**,*
*le garçon **que j'ai rencontré en vacances**,*
*Les fruits **que nous avons achetés au marché**.*

OU... TOUT À LA FOIS

*Il s'agit du **dernier** film de Rohmer qui se passe dans une ville de province.*

À VOUS !

J'ai oublié son nom...

C'est un objet. Il est en papier. On l'achète à la poste ou dans les bureaux de tabac. On le colle sur les lettres. C'est un...

timbre

Comment ça s'appelle ?

Quelquefois les gens qui ne trouvent pas le nom d'une chose, parlent *d'un truc* ou *d'un machin*...

Comment est-elle / il ?

Vous ne trouvez plus... votre valise. Comment est-elle ?

... ou votre sac. Comment est-il ?

C'est un gros sac à dos, avec un duvet.

Elle est grande, noire, en plastique dur, avec des étiquettes...

DIRE *TU* OU *VOUS* ?

voir *PRONOMS PERSONNELS*

on dit tu...

1 à sa famille : frères, sœurs, parents, partenaire, enfants.
2 à des amis du même âge.
3 à quelqu'un qui vous tutoie.
4 à un enfant.

1 sauf parfois à un parent éloigné ou plus âgé.
2 l'âge n'est pas toujours essentiel.
3 mais ce n'est pas obligatoire.

mais pas toujours : par exemple, entre étudiants. | 1

Ça dépend | 3
du groupe, de l'entreprise.

1 à des gens qu'on ne connaît pas ou peu.
2 quand on écrit à un service commercial ou administratif.
3 quand il y a un rapport hiérarchique : employeur / employé.
4 parfois, par habitude, à des gens qu'on connaît très bien ou qui sont plus âgés que vous.

on dit vous...

À VOUS !

Diriez-vous *tu* ou *vous* ?

Au travail   1. *Vous demandez à un collègue ce qu'il a fait ce week-end.*
Chez vous   2. *Vous demandez à votre soeur de vous prêter un CD.*
Dans la rue   3. *Vous demandez où se trouve la rue Lepic.*
À l'université   4. *Vous demandez au professeur de répéter.*
                 5. *Vous demandez à un des étudiants s'il a compris.*
Dans un magasin 6. *Vous demandez à la vendeuse si elle a la taille au-dessus.*

À qui diriez-vous... (plusieurs réponses sont possibles)

1. Salut, ça va ?   a. *la mère d'une amie*
2. Bonjour, vous avez passé de bonnes vacances ?   b. *un copain*
3. Qu'est-ce qu'on fait ce week-end ?   c. *votre belle-sœur*

1. tu / vous : 2. tu : 3. vous : 4. vous / tu : 5. tu : 6. vous. – 1b / 1c : 2a / 2c : 3b / 3c.

POSER DES QUESTIONS...
POUR AVOIR *OUI* OU *NON* COMME RÉPONSE

VOIR *PHRASE, INTERROGATIFS, CONDITIONNEL*

POUR INTERPELLER QUELQU'UN

Excusez-moi...
Pardon Madame / Pardon Monsieur...
S'il vous plaît...

On peut utiliser un prénom : *Julien, ...*

Pour être plus poli :
le conditionnel

Auriez-vous...
Est-ce que vous seriez d'accord...
Tu pourrais... ?

EN LANGUE COURANTE	EN LANGUE PARLÉE OU FAMILIÈRE	EN LANGUE SOUTENUE OU ÉCRITE
« Est-ce qu'... » au début de la phrase.	**Intonation montante** À l'écrit, on ajoute un « ? »	**Inversion du sujet.** Il vient après le verbe (ou l'auxiliaire)
Est-ce que tu es prêt ? *Est-ce que vous avez de la monnaie ?* *Est-ce que tu pourrais fermer la fenêtre ?* *Est-ce que vous pourriez répéter, s'il vous plaît ?*	*Tu es prêt ? Ça va ?* *Vous avez de la monnaie ?* *Tu peux fermer la fenêtre, s'il te plaît ?* *Tu pourrais répéter ?*	*Êtes-vous prêt ?* *Auriez-vous de la monnaie ?* *Pourriez-vous fermer la fenêtre, s'il vous plaît ?* *Pouvez-vous répéter, s'il vous plaît ?*

Les réponses : *oui... non...* et *si...*   À quelles questions répondent-ils ?

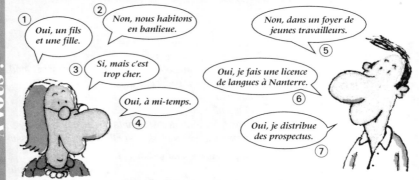

À VOUS !

① *Oui, un fils et une fille.*

② *Non, nous habitons en banlieue.*

③ *Si, mais c'est trop cher.*

④ *Oui, à mi-temps.*

⑤ *Non, dans un foyer de jeunes travailleurs.*

⑥ *Oui, je fais une licence de langues à Nanterre.*

⑦ *Oui, je distribue des prospectus.*

1. Plusieurs réponses possibles : Vous avez des enfants ? Est-ce que vous avez des enfants ? Avez-vous des enfants ? 2. Vous habitez à Paris ? 3. Vous ne voudriez pas habiter à Paris ? 4. Vous travaillez ? 5. Tu habites chez tes parents ? 6. Tu es étudiant ? 7. Tu as un petit boulot ?

POSER DES QUESTIONS...
POUR EN SAVOIR PLUS

VOIR *PHRASE, INTERROGATIFS*

La réponse donne des renseignements précis : le nom d'une personne ou d'une chose, une heure, un lieu, une quantité, une raison... On utilise un mot interrogatif.

EN LANGUE COURANTE	EN LANGUE FAMILIÈRE	EN LANGUE SOUTENUE
« Est-ce qu'... » juste après le **mot interrogatif**.	Question par **l'intonation**. Le **mot interrogatif** occupe la place du mot recherché.	**Mot interrogatif** suivi d'une **inversion** du verbe.
Qui <u>est-ce qui</u> va répondre ?	*Qui va répondre ?*	
Qu'<u>est-ce que</u> je vous sers ?	*Je vous passe **quoi** ?*	*Que <u>désirez-vous</u> ?*
☎ *Qui <u>est-ce que</u> je vous passe ?*	☎ *Je vous passe **qui** ?*	☎ *Qui <u>voulez-vous</u> ?*
Qu'<u>est-ce que</u> ça veut dire ?	*Ça veut dire **quoi** ?*	
Quel jour <u>est-ce que</u> vous avez rendez-vous ?	*Vous y allez **à quelle** heure ?*	*Quel est votre numéro de téléphone ?*
Quand <u>est-ce qu'</u>il est venu ?	*Vous y serez **quand** ?*	*Quand <u>venez-vous</u> à Paris ?*
Où <u>est-ce que</u> vous vous êtes rencontrés ?	*Vous habitez **où** ? **à quel** étage ?*	*Où <u>êtes-vous</u> né ?*
Combien <u>est-ce que</u> ça coûte ?	*C'est **combien** ?*	*Combien cela <u>coûte-t-il</u> ?*
Pourquoi <u>est-ce que</u> tu ne réponds pas ?	*Tu ne réponds pas. **Pourquoi** ?*	*Pourquoi ne <u>réponds-tu</u> pas ?*
Comment <u>est-ce que</u> tu t'appelles ?	*Ça s'écrit **comment** ?*	*Comment <u>écrivez-vous</u> votre nom ?*

Devinettes

1. Qui peut voyager nuit et jour sans quitter son lit ?
2. Quelle ressemblance y a-t-il entre un chien et un ordinateur ?
3. Il suffit de prononcer son nom pour le briser. Qu'est-ce que c'est ?
4. Quel est le fruit que les poissons n'aiment pas ?
5. Quelles sont les lettres les plus rapides ?
6. De quoi la clé a-t-elle peur ?
7. Quelle est l'île qui n'est pas entourée d'eau ?

À VOUS !

1. La rivière. 2. Ils ont tous les deux des puces. 3. Le silence. 4. La pêche. 5. T.G.V. 6. D'être mise à la porte. 7. L'Île-de-France.

POUR CHOISIR

voir *INTERROGATIFS, DÉMONSTRATIFS*
POUR PARLER DE QUELQUE CHOSE OU DE QUELQU'UN, POUR PROPOSER

POUR OFFRIR UN CHOIX : UNE QUESTION

Lequel / laquelle préférez-vous ?
Que prendrez-vous, du thé ou du café ?
Quel gâteau veux-tu ?

POUR EXPRIMER UNE DIFFÉRENCE :

Tu préfères le bleu ou le rouge ?
       celui-ci ou celui-là ?
       celui-ci ou celui qui est en vitrine ?
       le plus grand ou le moins grand ?

POUR SOULIGNER UN CHOIX : LE VERBE *POUVOIR, OU... OU, SOIT... SOIT*

*Tu **peux ou** venir **ou** nous attendre au café.*
*On **peut** prendre **soit** le tunnel **soit** le ferry.*

POUR EXPRIMER SON CHOIX : DES VERBES, L'IMPÉRATIF

*Je **vais prendre** / **Donnez-moi** celui-ci, le plus petit,*
le vert, l'autre, le même que vous.

Des verbes utiles pour exprimer...
– *la volonté, le désir :*
je voudrais...
j'aimerais bien...

– *la préférence :*
je préfère...
j'aime mieux...
il vaudrait mieux...

Ils sont suivis d'un nom, du subjonctif ou d'un infinitif.

– *le choix :*
Je vais prendre...
Je choisis...
Donnez-moi...

Pour être plus poli, on utilise :
– le conditionnel
– le verbe *pouvoir* :
Pourriez-vous me donner...

Pendant une visite en France, que choisissez-vous ? Utilisez les verbes de la colonne de droite ci-dessus.

– une chambre : avec salle de bains, avec douche ?
– une place : à l'orchestre, au balcon ?
– une glace : à la fraise, à la pomme, au praliné, au chocolat, à (votre parfum préféré) ?
– votre grillade : saignante, à point, bien cuite ?
– un sandwich : au jambon, au fromage, au pâté de campagne ?
– l'album de votre groupe favori : une cassette, un CD ?
– une visite au musée, un verre à la terrasse ?
– un billet de chemin de fer : aller simple, aller-retour ? voiture fumeurs ou non fumeurs ?

À VOUS !

POUR DIRE *NON*

voir *ne, ne...que, PHRASE, NÉGATION, IMPÉRATIF, INFINITIF,*
POUR PARLER DU PRÉSENT (1), *POUR DONNER DES INSTRUCTIONS*

NE + ADVERBE : *PAS, PLUS, JAMAIS, NI... NI*

Il *n'* y a **plus** d'essence sans plomb.

Tu *n'écris* **jamais**.
Les articles **ne** sont **ni** repris **ni** échangés.

NE + (PRO)NOM : *PERSONNE, RIEN, AUCUN, NUL*

Personne *n'a téléphoné.*
Je *n'ai vu* **personne**. (*personne* après le verbe)
Je *n'ai* **rien** *vu.* (*rien* après l'auxiliaire)
Il reste des gâteaux ? Il *n'en reste* **aucun**.
Nul *n'est censé ignorer la loi.*

NE + ADJECTIF : *AUCUN, NUL*

Nous *n'avons* **aucune** réponse.
              Aucun(e) est toujours au singulier.
Où êtes vous allés ? Nous **ne** sommes allés **nulle** part.

UN PRÉFIXE : *IN-, DÉ-, MAL-, ANTI, NON...*

Eau **non** potable.

UN MOT QUI A UN SENS NÉGATIF :

Ils ont **refusé**. (= ils n'ont pas accepté)

Fais pas ci...
Fais pas ça...

À l'oral, le *ne* n'est pas toujours prononcé

NE PAS NOURRIR
LES ANIMAUX

Pour dire qu'on n'est pas d'accord :
Ah, non !
Absolument pas.
Jamais de la vie.
Tu te moques de moi !
Il n'en est pas question.

Des mots qui ont un sens négatif :
C'est dommage.
Je regrette mais…
Malheureusement…
Je suis désolé…
J'ai eu un empêchement…
… sans faire de bruit.
Un régime sans sel.

DÉFENSE DE FUMER

À VOUS !

Vous préparez un voyage. Pour choisir le logement, vous téléphonez à votre ami et vous lui dites ce qu'il y a et ce qu'il n'y a pas :

	☎	📺	🌐	⊗	🚿	🐕	≋
1. Pension *Bon Logis*			✔	✔	✔	✔	
2. Auberge *Le paradis*	✔	✔				✔	
3. Hôtel *Bellevue*	✔	✔	✔	✔			✔

Par exemple : Il n'y a ni téléphone, ni télévision, ni piscine. Les animaux ne sont pas autorisés.

POUR PARLER DU PRÉSENT (1)

voir *INDICATIF PRÉSENT*, TABLEAUX DE CONJUGAISON,
POUR SE SITUER DANS LE TEMPS, POUR MESURER LE TEMPS

POUR PARLER DE VOUS, DE VOS GOÛTS : LE PRÉSENT

*J'ai 30 ans. J'habite à La Rochelle. Je travaille dans une
banque. J'aime les films de science fiction. Je déteste les
bonbons.*

POUR DIRE QUE ÇA SE PASSE EN CE MOMENT : LE PRÉSENT, *ÊTRE EN TRAIN* + INFINITIF

Il est 11 heures et demie. Il fait beau.

L'autocar arrive.

Elle est en train de lire.

POUR PARLER DE QUELQUE CHOSE QUI A COMMENCÉ ET QUI CONTINUE : LE PRÉSENT

On ajoute souvent une expression pour dire :

– depuis combien de temps ça dure :
*Je travaille ici **depuis 10 ans**.*
***Il y a trois ans que** j'apprends le français.*
***Ça fait un an qu'**on se connaît.*

MAIS à la forme négative, on utilise le passé
composé :
Il n'a pas écrit depuis 3 ans.
Ça fait six mois que je ne l'ai pas revu.

– combien de fois ça se répète :
*Je vais au cinéma **deux fois par semaine**.*
*Il ne se plaint **jamais**.*

Quand c'est indéterminé : on ne dit pas quand
ça a commencé.
L'eau bout à cent degré.
Je suis étudiant. Elle est malade.

Les présentations

Salut, moi c'est Sabine et toi ?

*Vous ne vous connaissez pas ?
Éric, Charlotte...*

*Nicole, voici Michel, nous
travaillons ensemble...
— Bonjour.*

*Permettez-moi
de vous présenter
Madame Dufour...*

Enchanté.

Les proverbes

*La nuit porte conseil.
Les bons comptes font les
bons amis.
Les murs ont des oreilles.*

POUR PARLER DU PRÉSENT (2)

voir *INDICATIF PRÉSENT, PASSÉ COMPOSÉ*, TABLEAUX DE CONJUGAISON
POUR SE SITUER DANS LE TEMPS, POUR DONNER DES INSTRUCTIONS

POUR EXPLIQUER OU DONNER DES INSTRUCTIONS : LE PRÉSENT OU L'IMPÉRATIF

Vous tournez à droite, la mairie est devant vous.
Ça sert à faire des trous.
Tu appuies deux fois sur ce bouton…
Prends une chaise et assieds-toi.
Entrez.

QUAND LA SITUATION PRÉSENTE EST LE RÉSULTAT D'UNE ACTION PASSÉE : LE PASSÉ COMPOSÉ

Il a perdu sa place.
Ils sont rentrés de vacances.

Expressions du temps
aujourd'hui, ce mois-ci, cette année, actuellement, de nos jours (en opposition à *avant*), *à l'instant, en ce moment, maintenant, à la minute même.*

Pour aller au commissariat de police, s'il vous plaît ?

Vous…

À VOUS !

Vous continuez jusqu'au feu rouge, vous prenez la 1ʳᵉ à gauche, vous passez devant la poste puis vous tournez à droite. C'est là.

POUR PARLER DU PASSÉ (1)

voir *CONJUGAISON, INDICATIF PRÉSENT, IMPARFAIT, PASSÉ SIMPLE, PASSÉ COMPOSÉ, PLUS-QUE-PARFAIT,* TABLEAUX DE CONJUGAISON, *venir de,* POUR SE SITUER DANS LE TEMPS, POUR MESURER LE TEMPS

LES TEMPS DU PASSÉ

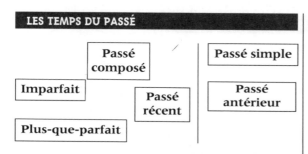

À VOUS !

Retrouvez les temps du passé :
1. Elle marchait
2. Il entra
3. Ils ont voté
4. Il l'eut vu
5. Il vient de crier
6. J'avais appelé

1. imparfait. 2. passé simple. 3. passé composé. 4. passé antérieur. 5. passé récent. 6. plus-que-parfait.

POUR UNE ACTION OU UNE SÉRIE D'ÉVÉNEMENTS PASSÉS : LE PASSÉ COMPOSÉ

Le verbe n'a pas besoin d'être complété par une expression de temps :

Nous sommes allés au marché. Nous avons mangé. Il a plu. Quelqu'un a téléphoné. Je n'ai rien compris.

Bien sûr, on peut ajouter un renseignement :
après son départ… toute la journée… deux fois cette semaine… quand il a expliqué…

POUR UNE ACTION PASSÉE EN TRAIN DE SE DÉROULER : L'IMPARFAIT

Il est généralement suivi d'une expression de temps qui précise :

– quand l'action avait commencé :
*J'attendais **depuis 2 heures**.*

– combien de fois elle se répétait :
*Il pleuvait **tous les jours / tout le temps / souvent**.*

– si elle avait lieu avant, après ou pendant une autre action :
*J'étais sous la douche **quand on a sonné**.*

Au stade…

Qui dit quoi ?
Il a marqué ! On a gagné !

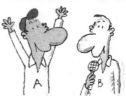

A. supporter. B. journaliste

Expressions de temps
*avant-hier, hier, le mois dernier, l'année dernière, l'autre jour, la veille, l'avant-veille
il y a un mois,
à ce moment-là, à cette époque-là, en ce temps-là, de mon temps, autrefois, jadis, avant.*

POUR PARLER DU PASSÉ (2)

voir *CONJUGAISON, INDICATIF, IMPARFAIT, PASSÉ COMPOSÉ, PASSÉ SIMPLE,*
POUR SE SITUER DANS LE TEMPS

POUR DÉCRIRE LES CIRCONSTANCES D'UN ÉVÉNEMENT : QUAND ? OÙ ? QUI ? COMMENT ? POURQUOI ? L'IMPARFAIT

Il était dix heures, la plage était presque vide. Quelques familles arrivaient avec parasols, jeux de plage… Au loin sur les collines, on apercevait de la fumée.

C'est le décor. Il y a un certain suspense :

QUE VA-T-IL SE PASSER ? POUR FAIRE AVANCER L'ACTION : LE PASSÉ COMPOSÉ ET PARFOIS À L'ÉCRIT LE PASSÉ SIMPLE

*C'est alors que le cirque **est arrivé**.*

*Soudain, les Canadairs **ont survolé** la plage et **se sont dirigés** vers la mer.*

*Tout à coup, on **entendit** une explosion.*

Ah ! le bon vieux temps…
On en parle toujours
à l'imparfait.
Ah, de mon temps, c'était différent. Il n'y avait pas de télévision, à table on se parlait. Il n'y avait pas autant de voitures : on ne passait pas des heures en embouteillages. Il n'y avait pas d'ordinateur…

C'est alors que…
Pour annoncer l'action,
pour passer de l'imparfait
au passé composé :
soudain…
tout à coup…
à ce moment là…
brusquement…
quand…

À VOUS !

Pourquoi ? Trouvez l'autre phrase !

1. Je n'ai pas entendu…
2. J'ai été retardé…
3. Je n'ai pas pu entrer…

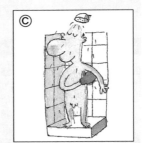

1c. J'étais sous la douche. - 2a. Il y avait des embouteillages. - 3b. Je ne connaissais pas le code.

POUR PARLER DU PASSÉ (3)

voir *INDICATIF, IMPARFAIT, PASSÉ COMPOSÉ, PLUS-QUE-PARFAIT, PASSÉ SIMPLE*

DANS UN RÉCIT ORAL OU ÉCRIT...

1 Plusieurs verbes au passé composé : une succession d'actions.

3 Une action accomplie avec indication de la durée.

5 Un passé composé pour faire avancer l'action.

1 *Nous **avons pris** le métro, nous **sommes allés** au Musée d'Orsay.*
2 *Il **était** midi et il y **avait** une longue queue.*
3 *Nous **avons attendu** pendant au moins deux heures.*
4 *Heureusement que nous **avions emporté** des boissons et des sandwiches.*
5 *Enfin notre tour **est arrivé**.*

2 Plusieurs verbes à l'imparfait : une description du décor.

4 Une action qui était antérieure aux autres : plus-que-parfait.

QUAND ON RAPPORTE DES PAROLES...

1 Un verbe au passé composé qui rapporte un discours qui a eu lieu dans le passé.

3 Un imparfait pour renvoyer à un présent dans le passé :« *Je suis très ennuyée...* »

1 *Elle **a dit** que...*
2 *son réveil n'**avait pas sonné** et qu'elle **avait oublié** de se réveiller,*
3 *qu'elle **était** très ennuyée*
4 *et qu'elle **resterait** plus longtemps cet après-midi.*

voir *DISCOURS INDIRECT*

2 Plusieurs verbes au plus-que-parfait pour renvoyer à des passés composés au discours direct : « *Mon réveil n'a pas sonné. J'ai oublié de me réveiller...* »
4 Un conditionnel pour renvoyer à un futur dans le passé.

À L'ÉCRIT... DANS CERTAINS TYPES DE TEXTE

1 Dans un récit au premier plan de l'action : le passé simple

3 Parfois un présent

1 *Marie **s'installa** confortablement dans un fauteuil et **prit** un livre.*
2 *Dehors **soufflait** un vent glacial...*
3 *En 1610, Ravaillac **assassine** le roi Henri IV...*

2 Au second plan : le décor à l'imparfait.

POUR PARLER DE L'AVENIR

voir *CONJUGAISON, INDICATIF, FUTUR, aller,* TABLEAUX DE CONJUGAISON,
POUR SE SITUER DANS LE TEMPS, POUR EXPRIMER UNE CONDITION
OU UNE SUPPOSITION, POUR MESURER LE TEMPS

DES VERBES POUR PARLER DE PROJETS

*Il **doit** passer nous voir cet après-midi.*
*Je **pense** aller faire du ski cet hiver.*
*J'**espère**… Je **compte**… J'**ai l'intention de**…*+ infinitif

LE FUTUR, *ALLER* + INF. ; *ÊTRE SUR LE POINT…* LE PRÉSENT + UNE EXPRESSION DE TEMPS … QUAND ON PENSE QU'ILS VONT SE RÉALISER

*Nous nous **verrons** la semaine prochaine.*
*Ils **vont** se marier.*
*Je **suis sur le point** de partir…*
☎ *Je vous **rappelle dans un instant**.*

LE CONDITIONNEL… QUAND ON N'EST PAS SÛR QU'ILS SE RÉALISENT

*Les coureurs **devraient** arriver à 4 heures.*
*Ils **se marieraient** en juin.*

LE FUTUR ANTÉRIEUR, POUR DIRE QU'UNE ACTION AURA LIEU AVANT UNE AUTRE

Après : ***quand, dès que, aussitôt que***
Tu m'appelleras quand tu auras fini de manger ?

En ou *dans* ?

Dans renvoie au point de départ d'une action furure. *Départ des concurrents dans une minute. (Encore 60 secondes et c'est le départ)*
En indique une durée. *Elle a couru le 100 mètres en 10 secondes.*

Expressions de temps

bientôt, tout à l'heure, demain, après-demain, mardi prochain, la semaine prochaine, lundi en huit, un de ces jours… dans une semaine / un an. à partir de maintenant, dorénavant, désormais d'ici demain, en 2025…

PROCHAINEMENT SUR VOS ÉCRANS…

À VOUS !

Faut-il les croire ?
Pour celui qui écrit…

1. X va jouer son titre de champion demain soir.
2. Ils se rencontreraient en présence d'un négociateur.
3. Un concert aura lieu à l'église, le 26 avril…
4. Le temps sera changeant toute la journée…

Cochez la bonne case

C'est sûr	Ce n'est pas sûr

1. sûr 2. pas sûr - 3. sûr - 4. sûr.

POUR DIRE QU'ON N'EST PAS SÛR

voir *POUVOIR, CONDITIONNEL, IMPERSONNELS, ADVERBES*
POUR PARLER DE L'AVENIR

CERTAINS VERBES À LA FORME NÉGATIVE :
***SAVOIR* + INDICATIF, *ÊTRE SÛR* + SUBJONCTIF**

Je ne sais pas s'il reste des places.
Je ne suis pas sûr que le guichet soit ouvert.

DES ADVERBES COMME *PEUT-ÊTRE*

Il viendra peut-être avec nous au cinéma.

ON CROIRAIT / ON DIRAIT QUE...
(CONDITIONNEL)

Regarde là-bas, on dirait que c'est Jean.

CERTAINS VERBES IMPERSONNELS :
IL PARAÎT QUE (= ON DIT QUE...)

Il paraît que les places sont toutes louées.

IL SE PEUT... IL SE POURRAIT BIEN QUE...
IL EST POSSIBLE QUE + SUBJONCTIF

Il se peut que nous soyons en retard.
Il est possible qu'il vienne nous retrouver.

SI CE N'EST PAS OFFICIEL : LE CONDITIONNEL

Le concert serait reporté.

Du moins sûr
au plus sûr
pas
sûrement pas
probablement pas
peut-être
probablement
certainement
sans doute
sûrement
sans aucun doute
bien sûr

En langue soutenue,
peut-être et *sans doute*
sont suivis d'une inversion
du sujet s'ils commencent
une phrase :
Peut-être viendra-t-il nous
rejoindre.

Pour dire qu'on est sûr
sans aucun doute,
Il n'y a pas de doute que...
Il est absolument certain
que...
Je suis certain(e) que...
Je suis sûr(e) que...

À VOUS !

Vous n'êtes pas sûr(e).

Comment répondez-vous ?

1. Tu sors avec nous ce soir ?
2. Ils sont rentrés de vacances ?

Par exemple : 1. Je ne suis pas bien
sûr(e) : peut-être ; probablement, je le
téléphonerai. 2. Je ne sais pas, on
dirait que oui : il paraît que oui ; c'est
possible, je ne suis pas sûr(e), etc.

POUR EXPRIMER UNE CONDITION
OU UNE SUPPOSITION

voir *CONDITIONNEL, SUBJONCTIF, PRÉPOSITIONS, CONJONCTIONS*

LE CONDITIONNEL

*Il y aurait des places, j'**irais** à ce concert.*
*Tu **ferais** la queue toute une nuit ?*

POUR INTRODUIRE LA CONDITION : SI...

– *si* + présent, impératif / futur :
Si c'est trop grand, rapportez-le.
Si c'est trop cher, j'attendrai les soldes.
– *si* + imparfait, conditionnel présent :
S'il me faisait un prix, je l'achèterais.
– *si* + plus-que-parfait, conditionnel passé :
Si j'avais su, je n'aurais rien dit.

AU CAS OÙ + CONDITIONNEL

***Au cas où** tu viendrais, n'oublie pas les clés.*

Ne pas confondre avec : *en cas de* + nom
En cas d'urgence, faite le 16 ☎

POURVU QUE, À CONDITION QUE + SUBJONCTIF

*On vous répondra **pourvu que** vous envoyiez une enveloppe timbrée.*

POUR EXPRIMER... L'EXCEPTION :
SAUF SI + INDICATIF, À MOINS QUE + SUBJONCTIF

*Je veux bien venir **sauf si** ça vous dérange.*

... CE QUI SE PASSERA SI LA CONDITION N'EST PAS REMPLIE : SINON, AUTREMENT

*Si tu **ne** te dépêches pas, tu seras en retard.*

*Dépêche-toi, **sinon** tu vas rater ton car.*
***autrement** tu seras en retard.*

Si...
Il y a le *si* de condition qui n'est jamais suivi d'un conditionnel :
Si j'avais le temps, je ferais plus de sports.

Si ...
Il y a le *si* qui introduit une question et qui peut être suivi du conditionnel :
Il a demandé si tu viendrais.

Si ...
le *si* de conséquence est suivi d'un adjectif ou d'un adverbe et de *que* :
C'est si petit qu'on ne le voit pas.

...et si
pour dire *oui* après une forme négative :
– *Tu ne viens pas ?*
– *si, bien sûr.*

Remarque :
Si s'écrit *s'* devant il(s) :
Il peut s'il veut.
MAIS *Tu sais si elle vient ?*

Un proverbe :
« ***Avec des si**, on mettrait Paris en bouteille* ».

POUR PROPOSER, POUR CONSEILLER...

voir *CONDITIONNEL, devoir, IMPÉRATIF, IMPARFAIT*
POUR EXPRIMER UNE CONDITION OU UNE SUPPOSITION

POUR PROPOSER : *ÇA TE DIT... ; SI* + IMPARFAIT...

Une petite promenade en mer, ça te dit ?
Si on allait à Paris pour le week-end...

ON PEUT POSER UNE QUESTION...

Tu danses ?
Vous voulez un café ?

... ET UTILISER LE CONDITIONNEL

Tu aimerais... Ça te dirait de...
Ça vous plairait d'aller au cinéma ?
Vous pourriez prendre l'apéritif...

POUR DONNER UN CONSEIL : L'IMPÉRATIF

Prends-le, tu en as envie.
Soyez prudents, il y a du verglas.

TU DEVRAIS, VOUS DEVRIEZ OU *IL FAUDRAIT QUE...*
IL VAUT MIEUX QUE, JE TE CONSEILLE DE...

Vous devriez consulter un médecin.
Il faudrait que tu ailles à l'ambassade.
Il vaut mieux y aller en personne.
À ta place, je le rappellerais.
Je te conseille de lui demander.

**D'un registre à l'autre...
très soutenu → familier**
Puis-je vous aider ?
Je peux vous / t'aider ?
Tu as besoin d'un coup de main ?

Pour accepter :
Oui... *je veux bien.*
D'accord. Bien sûr.
C'est gentil, merci.
Volontiers.
Avec plaisir.

Pour refuser :
Non... *je ne peux pas.*
Merci, mais...
Je suis déjà pris...
Ce n'est pas de chance...
Désolé, je...
Je regrette mais...

**Des mots pour se mettre
à la place de quelqu'un
d'autre :**
Moi, à ta place...
Si j'étais toi...
Ça serait moi...
   Moi, je... + conditionnel

À VOUS !

Trouvez un bon prétexte :
1. Vos collègues organisent une randonnée...
2. Vous êtes invité(e) à dîner lundi chez des amis de vos parents.
3. Vos amis font une petite fête samedi.
4. Votre ami vous rappelle : « Alors on va au cinéma ce soir ? »
>   *a. Je suis désolé(e), je ne suis pas libre, j'ai des places de théâtre...*
>   *b. C'est vraiment dommage, je suis pris(e) pendant tout le week-end...*
>   *c. Non. Malheureusement, je n'ai pas pu me libérer.*
>   *d. Je ne peux vraiment pas, j'ai trop de travail en ce moment.*

(Il y a parfois plus d'une solution) 1/d ou b : 2/a ou d : 3/b :4/c

POUR EXPRIMER UNE OPINION

voir *CONSTRUCTIONS VERBALES, EXCLAMATION, INDICATIF, SUBJONCTIF,*
POUR INSISTER, EXPRIMER UNE CONDITION OU UNE SUPPOSITION

POUR DEMANDER L'AVIS DE QUELQU'UN…

Et toi, qu'est-ce que tu en penses ?
À ma place, qu'est-ce que tu ferais ?
Comment tu le trouves ? Ça t'a plu ?
On utilise souvent le subjonctif après une forme
négative ou interrogative :
Pensez-vous qu'il soit déçu ?

POUR INTERVENIR

Moi, personnellement, j'ai beaucoup aimé.
Pour moi… Selon moi…
En ce qui me concerne…
À mon avis, c'était un peu long.
Nous, il nous semble que…

POUR DONNER SON AVIS : DES VERBES

Je trouve que, je pense que, je crois que…
J'ai l'impression que… + indicatif
Je pense que c'est un très bon film.
J'ai peur, je crains, je doute que + subjonctif
J'ai peur qu'ils se soient ennuyés.

MOI AUSSI, MOI NON PLUS :

Moi aussi dans une phrase affirmative.
Moi non plus dans une phrase négative.
Moi aussi, ça m'a plu.
Moi non plus, je n'ai pas aimé.

Des adjectifs pour dire comment c'était :

langue neutre → familière

bien	*super*
intéressant	*génial*
ennuyeux	*chiant*
mauvais	*nul*

Pour dire qu'on est d'accord : OUI

Je partage votre opinion
J'approuve, j'accepte
Je suis tout à fait d'accord
D'accord
OK

Pour dire qu'on n'est pas d'accord : NON

Je ne partage pas ce point de vue…
Je refuse de…
Je ne suis pas du tout d'accord
Jamais…

du neutre	*J'aime beaucoup…*	*J'aime un peu…*	*Je n'aime pas du tout…*
↓ au familier	**J'adore** faire la cuisine. **Je raffole de** chocolat. **Je suis un accro** de jazz. **Je suis fou** de rap.	*Je n'aime pas beaucoup… Je n'ai pas très envie de… Je ne suis pas très chaude pour y aller.*	**Je déteste** la moutarde. **J'ai horreur** de la fumée. **Je ne supporte pas** le bruit. **Je ne peux pas** le **sentir**.

POUR INSISTER...

voir *PHRASE, RELATIFS, PRONOMS PERSONNELS, ce* ou *c'* devant une voyelle

Sur une personne, une action, un lieu...

ON REPREND LE GROUPE DE MOTS PAR UN PRONOM

Le groupe vient en début ou en fin de phrase.
Mon père, il a dit que...
Devant le musée, c'est là qu'on se retrouve.
Un café, j'en voudrais un bien fort.
On peut y aller en taxi, à l'aéroport.
Moi, je trouve que...
Ça, c'est ma chambre. Ça, moi ça m'intéresse.

ON UTILISE C'EST + « GROUPE » + QUI / QUE...

C'est le vendeur qui nous a renseigné(e)s.
C'est ce que tu veux.
C'est à ce moment-là qu'il est arrivé.

CE QUI... / CE QUE... / CE DONT... C'EST...

Ce qu'il nous faut, c'est un plan de la ville.
Ce dont j'ai besoin, c'est d'un ouvre-boîtes.

Des pronoms d'insistance
moi, je
toi, tu
lui, il... *elle*, elle...
nous, on... *ça*, c'est...
nous, nous...
vous, vous...
eux, ils... *elles*, elles...

des adverbes
surtout, en particulier
vraiment
absolument

des adjectifs
Il est essentiel que...
Il est important que...
ou *c'est essentiel,*
c'est important

Dans la presse

> *PROVENCE*
> PLUIES VIOLENTES
> **Plusieurs villes inondées**

(pas d'articles, ni de verbes)

et dans la publicité...

Une voiture électrique, c'est naturel !

 ROULER SANS POLLUER, *c'est...*

 ROULER EN SILENCE, ...

ROULER EN DOUCEUR, ...

**Trois arguments pour. Utilisez les structures de la page pour insister.
Continuez : vous êtes pour... ou contre.**

Par exemple : c'est naturel / important / absolument nécessaire ; c'est ce qu'il faudrait, c'est ce dont on a besoin. Moi, je trouve qu'une voiture électrique (ça ne)... : une voiture électrique, c'est... / ce n'est pas...

POUR DONNER DES INSTRUCTIONS

voir *IMPÉRATIF, DEVOIR, INFINITIF, PRÉSENT, NÉGATION, PRONOMS*
POUR DIRE NON

NOTICES PUBLIQUES, AVIS :

– un nom + ...
Sens de la visite.
Sortie. Billets. Réception
Défense d'afficher
Entrée interdite
Danger
Billet non remboursable

– l'impératif
Poussez. Tirez. (portes).
Sonnez et entrez.

– l'infinitif
Ne pas toucher.
Ralentir.

LE PRÉSENT L'IMPÉRATIF L'INFINITIF NOM

LES MODES D'EMPLOI, LES INSTRUCTIONS ÉCRITES

– l'impératif
Posez le pion sur la case de départ...
Achetez cinq bouteilles, nous vous offrons la sixième...

– l'infinitif
À prendre deux fois par jour avant le repas.
À consommer avant le...

POUR EXPLIQUER À QUELQU'UN, LES RECOMMANDATIONS

– le présent
Vous prenez la première rue à gauche, vous continuez jusqu'au feu rouge...

– il faut...
Pour arrêter l'appareil, il faut le débrancher.

– l'impératif
Tiens-toi bien à la rampe.
☎ *Ne quittez pas !*
N'oublie pas d'acheter du pain.

– des noms
Attention !
Silence !
Minute !

LES RECETTES

– l'infinitif
Pour faire une omelette. Faire revenir un peu de beurre dans une poêle, y mettre les œufs battus, des fines herbes, du sel et du poivre...

– l'impératif
Prenez de la pâte feuilletée surgelée...

– le présent
Vous versez un petit verre de cognac et vous faites flamber...

POUR SE SITUER DANS LE TEMPS, POUR DIRE QUAND

voir *ADVERBES, PRÉPOSITIONS, CONJONCTIONS*
POUR PARLER DU PRÉSENT, DU PASSÉ, DE L'AVENIR

DES EXPRESSIONS DE TEMPS	POUR DIRE....		
	AVANT	PENDANT	APRÈS
Adverbes : Ils s'emploient seuls.	*avant, auparavant, d'ici là, jusque là*	*alors, à cet instant, à ce moment-là*	*après, ensuite, aussitôt*
Prépositions : Elles sont suivies d'un nom ou d'un infinitif.	*avant 9 heures, avant de (venir), d'ici midi, en attendant l'heure, en attendant de + inf. jusqu'à huit heures / dimanche*	*pendant le semestre, au cours des vacances, de deux à quatre, de dix heures à midi, depuis cinq jours, lors de son voyage...* *au moment de* + infinitif	*après 8 heures, après (être venu)... dès le printemps, à partir de mai, depuis le début, à la fin de l'année*
Conjonctions : Elles sont suivies de **que**.	*avant que, en attendant que, d'ici à ce que, jusqu'à ce que,* + subjonctif *jusqu'au moment où* + indicatif	*quand, lorsque, tandis que, pendant que, alors que, au moment où, en même temps que* + indicatif	*après que, dès que, aussitôt que, une fois que, à peine... que, depuis que* + indicatif

LE TEMPS DES VERBES	POUR EXPRIMER UNE SÉQUENCE...		
	ÇA S'EST PASSÉ AVANT	ÇA SE PASSE EN MÊME TEMPS	ÇA SE PASSERA APRÈS
Futur antérieur / Futur	*Quand il **aura** tout **payé**...*		*...il ne lui **restera** pas un sou.*
Plus-que-parfait Infinitif passé / passé composé	*Il **avait** déjà **payé**... Après **être entré**...*		*...quand je **suis arrivé(e)**. ...je leur **ai expliqué** le but de ma visite.*
Deux fois le même temps		*Pendant qu'il **dort**, je **peux** travailler. Nous **mangerons** quand il **rentrera**.*	

POUR MESURER LE TEMPS

voir **tout, tous** ou **toutes** ? *ADVERBES, CONJONCTIONS, PRÉPOSITIONS, DÉTERMINANTS, NOMBRES*

POUR EXPRIMER UNE DATE

En 1999, au XXIᵉ siècle, en mars, au mois de mai, au printemps, en automne, en hiver, en été, à Noël, à Pâques, au week-end…
Il est né le 19 avril 1979. / le 19.4.79
Mardi 1ᵉʳ mai. Jeudi 6 août…
Au début d'une lettre : *Lyon, le 20 mars…*

POUR EXPRIMER L'HEURE

Il est une heure, une heure et quart, une heure et demie, deux heures moins dix…
À midi, vers 10 heures (du matin / du soir), à 22 heures 30, à 4 heures (de l'après-midi)…

POUR EXPRIMER UNE DURÉE

En un quart d'heure, pendant quinze jours
Fermeture du 20 juillet au 10 août.
Toute une journée, tout un mois
Il y a 5 ans que nous habitons à Nice.
Ça fait un an qu'on se connaît.
Je travaille ici depuis deux ans / depuis le 10 mai.

POUR EXPRIMER LA FRÉQUENCE

Toujours, sans cesse, sans arrêt, tout le temps, souvent, régulièrement, deux fois par jour / an… tous les deux jours, le lundi, quelquefois, de temps en temps, rarement, jamais.

Des verbes…
Gagner du temps,
Perdre une heure à…
Prendre (tout) son temps
Passer son temps à…
Attendre une demi-heure
Rester longtemps à….

Il y a temps et… tant… et taon !
Tu as le temps d'aller au cinéma ?
Il était temps. (= après c'était trop tard)
Quel temps fait-il ? Il fait beau, il pleut…
Il y a tant de monde.

lundi, le lundi
Le lundi, il va au gymnase.
(= tous les lundis)
Lundi, il est resté chez lui.
(= lundi dernier)
Lundi, j'irai avec lui.
(= lundi prochain)

C'est pareil pour :
l'été, cet été.

En ou dans ?
voir **POUR PARLER DE L'AVENIR**

Questionnaire (répondez en vous aidant des listes ci-dessus)
1. Combien de fois par mois allez-vous au cinéma, au théâtre, au concert ?
2. Depuis combien de temps apprenez-vous le français ? faites-vous du sport ?
3. À quelle heure vous levez-vous en semaine, le week-end ?
4. Combien de temps mettez-vous pour aller travailler ? faire vos courses ?

Par exemple : 1. une fois par semaine - 2. ça fait deux ans, depuis toujours - 3. à 7 heures, à 9 heures - 4. J'y vais en une demi-heure. Je les fais en une heure et demie.

À VOUS !

POUR SE SITUER DANS L'ESPACE, POUR DIRE OÙ ON EST

voir *à, de, par,* ADVERBES, PRÉPOSITIONS, CONJONCTIONS
voir **POUR DIRE D'OÙ ON VIENT, OÙ ON VA : VILLES ET PAYS**

DES PRÉPOSITIONS SUIVIES D'UN NOM DE LIEU : À OU *DE*

*Tu es **à** l'aéroport ? **à** la maison ? **au** cinéma ?*
*Je vous téléphone **d'**une cabine, **de** la poste, **du** bureau.*

CHEZ, CONTRE, DANS, JUSQUE, SOUS, SUR, VERS...

***Vers** Nîmes, **entre** Nice et Aix, **jusqu'**ici / **à** Calais, **sur** l'autoroute, **dans** la rue, **sous** un arbre, **contre** le mur, **chez** (+ personne) nous...*

DES ADVERBES : *ICI, LÀ, LÀ-BAS, AILLEURS, DEDANS, DEHORS, DESSUS, DESSOUS, LÀ-HAUT*

Le lieu se définit par rapport à la personne qui parle :
*Regarde **dedans**.* (= dans la boîte)
*Je l'ai trouvé **dessous**.* (= sous tous ces papiers)

DES MOTS UTILISÉS COMME PRÉPOSITIONS OU – EN LANGUE FAMILIÈRE – COMME ADVERBES

*Nous habitons **en face de** l'église.*
*On se retrouve **en face**.*
*Il attend **devant** (l'immeuble).*
***au coin** (de la rue), **au bout** (du chemin), **au fond** (de la salle), **à côté** (de chez nous), **au milieu** / **à l'intérieur** / **à l'extérieur** (de la pièce), **au centre** (du village), **devant** / **derrière** (la porte), **autour** (de la maison), **à gauche** / **à droite** (du président), **en haut** / **en bas** (de la rue), **près** / **loin** (de la gare)... **au nord, au sud, à l'est, à l'ouest** (de la ville).*

OÙ + PROPOSITION

*Installez-vous **où vous voulez**.*

en France
près de Paris
en banlieue
dans un immeuble
au 3ᵉ étage
à côté d'une porte
sur une chaise
dans une boîte

...coucou, c'est moi !

Langue écrite

Dans un document, pour renvoyer à quelque chose qui se trouve *au-dessus, au-dessous, à côté,* on trouve :
ci-dessus, ci-dessous, ci-contre

Quand on ne sait pas, ou qu'on ne veut pas dire où :
quelque part.

POUR DIRE D'OÙ ON VIENT, OÙ ON VA : VILLES ET PAYS

voir *au, en,* PRÉPOSITIONS, AUXILIAIRE, FÉMININ, MASCULIN

POUR DIRE D'OÙ ON VIENT

un verbe comme : *venir de, être de*

du + nom masculin	*de* + nom féminin *d'* + voyelle

Elle vient *du* Canada.

De la laine *du* Pérou

un pronom : *en*

Il vient *de* Belgique.
Des fruits *d'*Espagne (fém.)
Une carte *d'*Israël (masc.)

J'en viens.

POUR DIRE OÙ ON EST, OÙ ON VA

un verbe comme : *être à, aller à*

Noms de villes : *à* + nom sans article

À *Poitiers,* à *Caen,* à *Biarritz,* à *Nice*...
MAIS : *au* Havre (Le Havre), *à la* Rochelle, *au* Caire.

Noms de régions : *en* + nom féminin
dans + article + nom masculin / pluriel

En *Bretagne,* en *Savoie,* en *Corse*...
dans l'Hérault, *dans le* Nord, *dans les* Landes

Noms de pays : *au* + nom masculin
en + nom féminin
en + voyelle (masc. ou fem.)

en France	*au* Liban
en Autriche	*au* Brésil
en Australie	*au* Venezuela
en Nouvelle-Zélande	*au* Chili
en Israël (masc.)	*aux* États-Unis
en Iran (masc.)	*aux* Pays-Bas
un pronom : *y*	*J'y* vais.

Des verbes de mouvement
(auxiliaire *être* pour les temps composés)

Aller à *Strasbourg,* en *Alsace,* à *pied,* à *bicyclette,* en *bateau,* en *avion.*
Descendre à *Marseille, au rez-de-chaussée.*
Monter à *Paris, au 5e étage.*
Rentrer à *Nantes, chez soi.*
Retourner à *Grenoble.*
Rester à *Tours, à l'hôtel.*
Entrer à *la poste, dans un bureau, par la porte.*
Partir *vers le nord, pour la Martinique, de chez soi.*
(Re)venir *de Toulouse, de loin, de l'Est.*
Se rendre à *Bordeaux.*
Se diriger *vers Lyon.*
Passer *par Rennes, la mairie*...

À VOUS !

Où êtes-vous né(e) ?
D'où sont vos parents ?
Où habitez-vous ?
Dans quels pays, êtes-vous déjà allé ?
Dans quel pays francophone aimeriez-vous aller ? dans quelles régions ? dans quelles villes ?

à, en, dans ?
Vérifiez. Avez-vous bien utilisé :

POUR SE RENSEIGNER SUR UNE QUANTITÉ, SUR UN NOMBRE

voir *ARTICLES, NOMBRES, INDÉFINIS, INTERROGATIFS*
POUR POSER DES QUESTIONS

DES QUESTIONS...

Quel âge avez-vous ? Quelle heure est-il ?

Quel est votre numéro d'immatriculation ?

Vous prenez un ou deux sucres ?

ET UN MOT CLÉ : COMBIEN

C'est combien ? (15 francs)

Combien d'enfants avez-vous ? (2 enfants : un garçon et une fille)

Ils étaient combien ? (au moins 200)

C'est à combien de kilomètres ? (à trois km)

Pendant combien de temps avez-vous habité à Lyon ?
(pendant environ 5 ans)

Elle arrive dans combien de temps ? (dans une heure)

Tu pars pour combien de temps ? (pour 15 jours)

SAVOIR DIRE UN NUMÉRO...

– de téléphone : *le 01 42 28 34 26 (zéro un, quarante-deux, vingt-huit, trente-quatre, vingt-six)*

– du Minitel : *le 3615 (le trente-six, quinze)*

– d'autobus : *le 138 (le cent trente huit)*

SAVOIR EXPRIMER UN POURCENTAGE

12,6 % (douze virgule six pour cent)

25 % des Français... (vingt-cinq pour cent)

ou *un Français sur quatre*

ou encore *un quart des Français...*

Numéro, nombre ou chiffre ?

*un **numéro** de téléphone, de rue, d'immatriculation, de place (au théâtre), un numéro gagnant...*

*un **nombre** d'enfants, d'habitants, de crayons, de couverts, de films...*

*un **chiffre** porte-bonheur, un chiffre d'affaires.*

À VOUS !

Le petit-déjeuner en France

50 % mangent du pain ou des biscottes
7 % des céréales
7 % un yaourt ou du fromage
5 % un fruit
0,5 % de la charcuterie
0,3 % des œufs
25 % boivent du café noir
35 % du café ou du chocolat au lait
14 % du thé
11 % un jus de fruit
6 % ne déjeunent pas

Extrait de *Quo*, n° 1, nov. 96.

1. Vous rapportez cette information à quelqu'un.

2. Et dans votre pays, comment déjeune-t-on ?

1. Par ex. : la moitié des Français mange du pain... seulement 70 % prennent des céréales. 2. Chez nous, la plupart des gens... beaucoup... peu de gens... personne ne...

POUR EXPRIMER UNE QUANTITÉ

voir *ARTICLES*, **de**, *ADVERBES*, *NOMBRES*, *PRONOMS*, *INDÉFINIS*
POUR MESURER LE TEMPS

DU, DE LA, DE, DES DEVANT UN NOM ; *EN*

Ils indiquent l'existence de quelque chose mais
la quantité n'est pas précisée :
*Il y a **du** vent / **du** monde.*
*Tu veux **des** croissants ou **de** la brioche ?*
*Il **en** reste. Tu **en** veux ? Je **n'en** veux **pas**.*

POUR PRÉCISER COMBIEN

– des indéfinis :
*Il y a **beaucoup de** monde.*
*J'ai **un peu** de pain.*
*Il y **en** a **beaucoup, peu, très peu**.*
*J'**en** voudrais **plusieurs**, **quelques-uns**.*
*Je **les** prends **tous**.*

– des noms :
*Une part **de** gâteau. Un groupe **d'**enfants.*

– un chiffre :
*Ils étaient **une dizaine**, **deux cent mille**.*
*Il est **neuf** heures* (prononcé comme *neuve*)
***Deux** kilos, **trois** paquets, **une** boîte…*

DES MOTS POUR NUANCER

*exactement, environ, à peu près, aux alentours de, vers
pas tout à fait, à peine, presque.*

Des unités de mesure pour compter

… les gens :
*une dizaine, une centaine, un
millier (de personnes)
beaucoup de / la plupart des
gens, une foule de…*

… les choses :
*une douzaine (d'œufs), une
boîte de petits pois, un paquet
de riz, un carton (de jus
d'orange, de lait), un cageot de
fruits, une tranche de jambon,
une cuillère à café de…,
un morceau de gruyère.*

… les liquides : *un litre ou
une bouteille (75 cl) de vin.
Un demi (25 cl de bière, pas
un demi-litre), un verre d'eau,
6 litres aux 100 kilomètres,
le plein (essence)*

Pour peser : *un kilo, une
livre, une demi livre, 100
grammes, un quart (125 g)*

Pour une longueur :
*4 m de long sur 3,5 m de
large, 3 mètres 50 de tissu*

Vous préparez la liste de toutes vos courses. Soyez précis : « Il me faut
une demi-livre de beurre… » ou moins précis : « il me faut du beurre… »

À VOUS !

1. un carton de lait, une boîte de petits pois, une douzaine d'œufs, un kilo de bananes, un paquet de
farine. – 2. du lait, des petits pois, des œufs, des bananes et de la farine.

POUR COMPARER,
POUR EXPRIMER L'ÉGALITÉ

voir *ADJECTIFS, ADVERBES*

DES MOTS POUR COMPARER

Comparatifs

plus	
moins	+ adjectif (+ *que*)
aussi	+ adverbe (+ *que*)

verbe +	*plus / davantage*	
	moins	(+ *de* + nom) (+ *que*)
	autant	

Superlatifs

le / la / les plus	+ adjectif	+ (*que* +subjonctif)
le / la / les moins	+ adverbe	+ (*de* + nom de lieu)

DES PHRASES POUR EXPRIMER L'ÉGALITÉ

*Il est **aussi bon que** dans son premier film.*
*Elle va **aussi vite que** nous.*
*Elle a payé **autant que** toi.*
*Il y a **autant de** monde qu'hier.*

– Avec un mot pour ajouter une nuance :
*C'est **tout aussi bien**. Ils sont **presque** autant.*

– Avec la forme négative :
*Ce **n'est pas plus** long.*
*Ce **n'est pas moins** difficile.*

Formes irrégulières

bon	→ *meilleur*
bien	→ *mieux*
mauvais	→ *plus mauvais*
	→ *pire*

D'autres mots pour comparer

le même / un autre
pareil que / différent de

*Ils sont **pareils**.*
*C'est **le même***
***que** le tien.*
Il n'est pas
***différent du** tien.*

Comme…

Droit
comme un i.

Retrouvez les expressions :

1. Elle est maigre
2. Il est rapide
3. Il est rouge
4. Il est fier   COMME
5. Il est sage
6. Il est bête
7. Il est haut
8. Il est ennuyeux

a. une image
b. trois pommes
c. un paon
d. un clou
e. ses pieds
f. l'éclair
g. la pluie
h. une tomate

POUR COMPARER,
POUR EXPRIMER L'INÉGALITÉ

voir *ADJECTIFS, ADVERBES, SUBJONCTIF*

POUR EXPRIMER LA SUPÉRIORITÉ

– des comparatifs :
*Vous êtes **plus** fatigués **qu'**hier ?*
*Nous écrirons **plus** souvent.*
*Il y a **davantage** de monde.*

– des superlatifs :
*C'est la chambre **la plus** grande.*
*C'est **le meilleur** film de l'année.*
*C'est elle qui a **le mieux** réussi.*

– des adjectifs :
Ma couleur préférée, c'est le vert.
Mon équipe favorite, c'est…

POUR EXPRIMER L'INFÉRIORITÉ

– des comparatifs :
*C'est **moins** fatigant.*
*Il y a **moins de** monde qu'avant.*

– des superlatifs :
*C'est la chambre **la moins** chère.*
*C'est la **pire** idée **que** tu aies eue.*   (+ subjonctif)

Superlatifs : ordre des mots

– l'adjectif vient avant le nom :
« *C'est **le plus** beau jour de ma vie.* »
– s'il vient après le nom, l'article est répété :
« *Le jour **le plus** long* » *est un film sur le débarquement en Normandie.*

Pour insister, des adverbes :

*C'est **bien** plus long que…*
*C'est **beaucoup** moins drôle.*
*Il y avait **encore** plus de monde.*

Des mots qui comparent :

supérieur / inférieur
le premier / le dernier

À VOUS !

Les Français sont-ils gourmands ?

1. Plus ou moins que leurs voisins ?
2. Quel est le pays où on mange le plus de sucreries ? le moins ? Où classez-vous votre pays ?

1. Par exemple : Les Français sont plus gourmands que les Italiens et les Espagnols mais moins gourmands que les Britanniques, les Suisses, les Belges et les Allemands.
2. Le pays où on mange le moins de bonbons est le Japon. Celui où on en mange le plus, c'est…

Kilos de bonbons, confiseries, sucreries consommés en un an par...

Japonais	1,8	Britannique	5,1
Italien	2,2	Américain	5,1
Espagnol	2,4	Suisse	5,1
Autrichien	2,9	Belge	5,2
Français	3,1	Néerlandais	5,7
Australien	4,4	Irlandais	5,8
Norvégien	4,6	Allemand	5,9
Finlandais	4,7	Danois	6,4

D'après *Le Parisien*, 26 déc. 1994.

POUR EXPRIMER LA CAUSE,
POUR DIRE POURQUOI

voir *PHRASE, PRÉPOSITIONS, par, pour, CONJONCTIONS*

À L'ORAL, ON PEUT JUXTAPOSER DEUX PHRASES

La cause est dans la 2e phrase :
*Je vous raccompagne. **C'est sur ma route.***

PUISQUE, PARCE QUE, COMME, SOUS PRÉTEXTE QUE, CAR, EN EFFET + INDICATIF

***Puisqu'il fait beau**, j'y vais à pied.*
*Elle marche **parce que c'est bon pour la santé**.*
*Elle ne prend jamais la voiture **car elle est à dix minutes à pied de son travail**.* (= en effet)

POUR, EN RAISON DE, DE PEUR DE... + UN NOM

*Il a été arrêté **pour vol**.*
grâce à : la conséquence est positive.
à cause de : la conséquence est négative.

POUR, DE PEUR DE + INFINITIF PASSÉ

*Il a été éliminé **pour avoir triché**.*

UN ADJECTIF DE SENTIMENT + DE...

Content, fier, heureux, déçu, triste, étonné...
*Il est **furieux d'**avoir perdu.*

UN PARTICIPE PRÉSENT, SURTOUT À L'ÉCRIT

***N'ayant pas de réponse**, nous attendons.*

LA CAUSE EST LE SUJET DE VERBES COMME CAUSER, ENTRAÎNER, EMPÊCHER, PROVOQUER...

*L'orage a **causé** de nombreux dégâts.*

Trouvez une bonne excuse

C'est que je n'ai pas assez d'argent...

...parce que c'est trop cher

... à cause du prix

Comme j'ai oublié mon porte-monnaie...

Puisque tu n'aimes pas ça...

SAUVÉ GRÂCE À SON CHIEN !

Fermé pour cause de mariage

On trouve le subjonctif après *ce n'est pas que :*
*Ce n'est pas que j'**aie** faim mais c'est tellement bon...*

À VOUS !

Devinettes : Pourquoi ?

– Pourquoi les flamands roses se grattent-ils le bec avec une seule patte ?
– Pourquoi les Anglais et les Français marchent-ils la main dans la main ?

Parce que s'ils se grattaient avec les deux pattes, ils tomberaient par terre. Parce qu'ils ont une Manche en commun.

POUR EXPRIMER LE BUT

voir *PHRASE, PRÉPOSITIONS, pour, CONJONCTIONS, SUBJONCTIF*

POUR QUE, AFIN QUE, DE FAÇON QUE, DE SORTE QUE, DE MANIÈRE QUE, DE CRAINTE QUE, DE PEUR QUE + SUBJONCTIF

*Il a laissé son numéro **pour qu'**on l'appelle.*

POUR, DE PEUR, DE CRAINTE DE... + NOM

***Pour** le remboursement, envoyez votre dossier à la caisse de sécurité sociale.*

POUR, POUR NE PAS, DANS LE BUT DE, AFIN DE, DE FAÇON À, DE PEUR DE... + INFINITIF

*Approche-toi **de façon à** entendre.*
*Il parle très bas **de peur de** nous déranger.*
  *(= **pour ne pas** nous déranger)*

IMPÉRATIF + QUE + SUBJONCTIF

*Parlez plus fort **qu'**on vous entende.*

UN VERBE DE MOUVEMENT + INFINITIF

*Ils **sont venus dormir** à la maison.*
***Venez participer** aux jeux.* (même sujet)

À L'ORAL : HISTOIRE DE...

*Il est venu, **histoire de** voir comment c'était.*

DES IDÉES POUR NE PAS BRONZER IDIOT...

10 PISTES POUR TROUVER UN MÉTIER

Écrivez plus gros qu'on puisse vous lire.

Je téléphone pour savoir...
... quand...   *... si...*
... à quelle heure...

De sorte que + indicatif ou subjonctif ?
L'indicatif est utilisé quand la conséquence a eu lieu, le subjonctif quand il s'agit d'un désir ou d'un but.
Il était malade de sorte qu'il n'a pas pu venir.
Soigne-toi de sorte que tu puisses venir.

À VOUS !

Pour... Quelle est la condition nécessaire ? Finissez les phrases.

1. Pour bénéficier d'un tarif réduit
2. Pour postuler
3. Pour les inscriptions
4. Pour obtenir une carte
5. Pour être admis

a. soyez muni de photos d'identité.
b. présentez votre carte d'étudiant.
c. il faut être accompagné d'un adulte.
d. venez retirer un dossier.
e. envoyez votre CV.

1b - 2e, d - 3d - 4a - 5c, b

POUR EXPRIMER LA CONSÉQUENCE

voir *PHRASE, PRÉPOSITIONS, CONJONCTIONS, POUR EXPRIMER LE BUT*

À L'ORAL, ON PEUT JUXTAPOSER DEUX PHRASES...

La conséquence est exprimée dans la deuxième phrase. La ponctuation « : » souligne le lien :
Le train était en retard : j'ai raté ma correspondance.

ON PEUT AUSSI INTRODUIRE LA CONSÉQUENCE PAR : *DONC, PAR CONSÉQUENT, ALORS, AUSSI*

Je suis végétarienne, **alors** *je ne mange pas d'œufs.*

En début de phrase (langue soutenue), *aussi* est suivi d'une inversion :
Aussi *a-t-il déposé une plainte.*

DU COUP, COMME ÇA, C'EST POURQUOI (À L'ORAL)

On lui a volé son sac. **Du coup** *elle n'a plus de papiers.*

UN NOM : *CONSÉQUENCE, RÉSULTAT*

Il y a eu une fuite d'eau. **Résultat** *: il a fallu tout repeindre.*

UNE CONJONCTION : *SI BIEN QUE... DE SORTE QUE... TELLEMENT / TANT QUE...* + INDICATIF

Il pleuvait **tant que** *la route était coupée.*

Sans que (+ subjonctif) est utilisé pour renvoyer à ce qu'on veut éviter :
Il est parti **sans qu'**on le voie.*

D'OÙ SUIVI D'UN NOM

Elle ne se plaint jamais **d'où** *notre surprise.*

Conséquence...

Résultat : elle est partie.

...si bien qu'il n'y avait personne à l'accueil.

Du coup , on était ennuyés...

C'est pourquoi...

donc on a laissé le paquet...

de sorte qu'elle le trouvera demain.

TOUT EST BIEN QUI FINIT BIEN !

POUR EXPRIMER L'OPPOSITION

voir *PHRASE, ADVERBES, PRÉPOSITIONS, CONJONCTIONS*

Pour opposer deux événements, deux attitudes :

> **– UN ADVERBE :** *AU CONTRAIRE, PAR CONTRE…*
> **– UNE PRÉPOSITION :** *CONTRAIREMENT À,*
> *À L'INVERSE DE, AU LIEU DE…*
> **– UNE CONJONCTION :** *ALORS QUE, TANDIS QUE*

Elle est très calme. Sa sœur **par contre**…
Contrairement *aux prévisions, il a fait beau.*
Au lieu de *travailler, il regarde une vidéo.*
Tandis que *tu lisais, je dormais.*

Pour souligner un obstacle :

> **– UN ADVERBE :** *POURTANT, QUAND MÊME*
> **– UNE PRÉPOSITION :** *MALGRÉ, EN DÉPIT DE*
> **– UNE CONJONCTION :** *MAIS, BIEN QUE, QUOIQUE*

Elle habite au dixième étage. **Pourtant** *elle a le vertige.*
Il fume **malgré** *l'interdiction du médecin.*
Il parlait **mais** *personne n'écoutait.*
Bien qu'il pleuve, le feu d'artifice a eu lieu.*

Pour souligner un aspect négatif :

> **– SAUF QUE, EXCEPTÉ QUE, À PART QUE…**

C'est une bonne voiture **excepté qu'**elle consomme
beaucoup d'essence.*

ou un aspect positif :

> **– IL A BEAU + INFINITIF**

Il a beau *être bien situé, ce studio est très cher.*

…pourtant on a attendu.

*…mais il n'était pas
chez lui.*

Bien qu'on l'ait prévenu…

*…en revanche
son chien était là.*

*…encore qu'il n'ait
pas aboyé.*

Il a beau être sympa…

*…sauf que demain
on sera reparti.*

En dépit de tout…

En fait / en effet

En fait s'oppose à ce qui
vient d'être dit.
En effet le renforce.

Elle est en vacances ?
En fait *elle n'est pas partie.*
En effet *nous l'avons
rencontrée en Espagne.*

POUR PRENDRE LA PAROLE,
LA GARDER, LA DONNER

voir *IMPÉRATIF, PRÉSENT, INTERROGATION, PRONOMS*
POUR EXPRIMER UNE OPINION

POUR COMMENCER

Monsieur… Madame… Paul…
Bonjour, Bonsoir, Salut
Dites… Écoutez… Écoute…
Il faut que je vous raconte…
Tu sais ce qui m'est arrivé ?
J'ai une question…
Je vais vous parler de…
Je voudrais vous demander si…
☎ Allô, est-ce que je… s'il vous plaît ?

POUR QUE LE MESSAGE PASSE

Vous me suivez ?
Vous me comprenez ?
D'accord ?
Excusez-moi, je n'ai pas
compris …
Comment dites-vous ?
☎ Allô, allô, vous m'entendez ?
Allô, tu peux répéter ?

POUR CONTINUER

Ça, c'était mon premier point,
mon deuxième c'est…
Je voudrais ajouter que…
Et puis alors…
Laissez-moi terminer…
Pardon, je n'ai pas fini.
Ce n'est pas tout…
Attends, je n'ai pas fini…
☎ Tu es toujours là ? Tu m'écoutes ?

POUR INTERROMPRE

Si je peux me permettre…
Permettez… Pardon…
Je voudrais dire que…
Excusez-moi…
S'il vous plaît, …
Écoute… À mon avis…
Moi, je trouve que…
Attends, c'est mon tour
☎ Excusez-moi de vous couper
mais…

POUR SOLLICITER L'AUTRE

Votre opinion, Mademoiselle ? /
Claire… ?
C'est à vous… À votre tour…
Et toi, qu'en penses-tu ?
Dis-nous ce que tu en penses.
À toi… Et toi alors ?
Y a-t-il des questions ?
Pardon, je vous ai interrompu(e).

POUR FINIR

Merci.
Voilà, j'ai fini.
En conclusion …
Au revoir.
Bonsoir.

POUR ORGANISER UN TEXTE

voir *D'une phrase à l'autre,* ADVERBE, CONJONCTIONS
POUR EXPRIMER LA CAUSE, LE BUT, LA CONSÉQUENCE, L'OPPOSITION, UNE CONDITION,
POUR PARLER DE QUELQUE CHOSE OU DE QUELQU'UN, POUR COMPARER

POUR DIRE DE QUOI IL EST QUESTION. POUR ANNONCER LA STRUCTURE...

C'est un film, un article, un livre sur...
Il s'agit de...
Le problème que nous allons traité est...
La question à laquelle nous voulons répondre est la suivante...
Nous considérerons trois aspects.

POUR ORDONNER DES IDÉES

Premièrement, deuxièmement, troisièmement...
D'abord, ...ensuite, ...aussi, ...enfin, ...
D'une part... d'autre part
En outre, par ailleurs...

POUR RELIER LES IDÉES :

– Pour expliquer :
c'est-à-dire, en effet, ce qui veut dire que...

– Pour donner des exemples :
en particulier, par exemple, ainsi...

– Pour ajouter une information :
et, et aussi, et encore, et puis, ou, ou bien...

– Pour reprendre des contre arguments :
Il est vrai que... et aussi que... bien sûr...

– Pour opposer un autre point de vue :
Et pourtant... mais... bien que...

POUR CONCLURE : BILAN ET JUGEMENT

En conclusion :... En résumé... Bref...
Pour conclure... Il semble donc que...

À VOUS !

Il y a différents types de texte

1. la lettre officielle
2. le rapport
3. le tract
4. le compte rendu
5. l'article de presse
6. la dissertation scolaire
7. l'exposé oral...

Six façons d'introduire le sujet. Retrouvez le type de texte : 1 ? 2 ? 3 ?...

a. Monsieur le Maire,
Je voudrais attirer votre attention sur le fait suivant : une fois encore, l'usine X a déversé ses eaux sales dans la Lys...

b. *POLLUTION DE LA LYS*

c. RIVIÈRE = POUBELLE

d. *« Pour parler de la pollution, j'ai choisi un exemple concret, qui nous touche tous. »*

e. Objet : coût du traitement des eaux sales de l'usine X.

f. La réunion du 15.9 a considéré le problème de la pollution de la Lys par les usines avoisinantes.

a1 - b5 - c3 - d7 - e2 - f4

POUR RAPPORTER UNE CONVERSATION
« EN DIRECT »

Qu'est-ce qu'ils disent ?

À L'ORAL, EN LANGUE FAMILIÈRE. ON RÉPÈTE CE QU'UNE PERSONNE A DIT

On commence la phrase par « *elle / il a dit* » pour montrer que c'est un autre qui parle.
Alors elle lui a dit : « Je suis fatiguée, je m'arrête, je vais prendre un café. »
Il a dit : « Vous avez de la monnaie ? »
Elle a dit : « Fais moins de bruit ! Va jouer plus loin ! »

J'ai froid. Je mets un pull et j'arrive.

J'ai mal à la tête. Je ne peux pas me concentrer.

À L'ÉCRIT, ON MET ENTRE GUILLEMETS «... » CE QU'UNE PERSONNE A DIT

On utilise un verbe comme *dire, répondre, expliquer, annoncer, raconter, écrire…* ou *demander* s'il s'agit d'une question.

Souvent le verbe vient au milieu ou à la fin de la phrase, il y a alors une inversion.
« *J'ai trop de travail, **a-t-il expliqué**, je n'ai pas le temps* ».
« *À quelle heure se retrouve-t-on ? »* **a demandé Marc.**

Tu veux une aspirine ?

Qu'est-ce qui se passe ?

Attends ton tour !

Faites attention !

À VOUS !

En direct. Vous décrochez le téléphone, vous appelez une amie…

(Vous vous excusez, il est tard. Mais vous venez de rentrer.)
(Vous êtes allée au théâtre ce soir.)
(Vers 11 heures, vous attendiez le métro.)
(Un homme vous a bousculé. Il a arraché votre sac.)
(Vous irez au commissariat demain.)
(Vous demandez à votre amie si elle pourra venir avec vous.)

En différé. Un ami, qui était là pendant la conversation téléphonique, vous dit :
« *Tu en fais une drôle de tête. Raconte, qu'est-ce qu'elle t'a dit ? »*
C'était Charlotte. Elle m'a dit qu'elle s'excusait, qu'il était tard…

Réponses page 105.

POUR RAPPORTER UNE CONVERSATION
« EN DIFFÉRÉ »

voir *PRONOMS*, CONSTRUCTIONS VERBALES

Qu'est-ce qu'ils ont dit ?

▶ *Elle a dit qu'elle avait froid, qu'elle mettait un pull et qu'elle arrivait.*

▶ *Il a dit qu'il avait mal à la tête, et qu'il ne pouvait pas se concentrer.*

▶ *Elle lui a demandé s'il voulait une aspirine.*

▶ *Elle lui a demandé ce qui se passait.*

▶ *Ils lui ont dit d'attendre son tour.*

▶ *Elle lui a demandé de faire attention.*

UN VERBE POUR RACONTER

Il a dit que… expliqué que… répété que…
Il a demandé si…, ce que… (pour une question)
Il a demandé de…(pour un impératif) *dit de…*

DES EXPRESSIONS QUI CHANGENT

maintenant	*alors*
aujourd'hui	*ce jour-là*
hier	*la veille*
avant-hier	*l'avant-veille*
demain	*le lendemain*
après-demain	*le surlendemain*
dans deux jours	*deux jours plus tard*
il y a trois jours	*trois jours plus tôt*
mardi prochain	*le mardi suivant / d'après*
samedi dernier	*le samedi précédent / d'avant*
cet hiver	*cet hiver-là*
en ce moment	*à ce moment-là*
à cette époque	*à cette époque-là*

DES TEMPS QUI PEUVENT CHANGER

présent ou imparfait → imparfait
passé composé ou plus-que-parfait → plus-que-parfait
futur ou conditionnel → conditionnel

DES PRONOMS QUI CHANGENT

*« C'est **mon** sac ! »* → *Elle a dit que c'était **son** sac.*

En direct : « Allô, bonjour X, c'est Charlotte. Je m'excuse de te téléphoner si tard. Je viens de rentrer. / Je suis allée au théâtre ce soir. / Vers onze heures, j'attendais le métro. / Un homme m'a bousculée et il m'a arraché mon sac. / J'irai au commissariat demain. / Tu pourras venir avec moi ? »

En différé : … qu'elle venait de rentrer / qu'elle était allée au théâtre ce soir / Elle a dit que vers onze heures, elle attendait le métro / qu'un homme l'avait bousculée et qu'il lui avait arraché son sac / Elle a expliqué qu'elle irait au commissariat demain / et m'a demandé si je pourrais venir avec elle.

POUR DIRE OU NE PAS DIRE

voir *on, phrase, passif, verbes pronominaux*

Il y a plusieurs façons de présenter une action :

ON COMMENCE LA PHRASE PAR L'AGENT (CELUI QUI FAIT L'ACTION)

C'est le **sujet** du verbe. Cette forme est la plus fréquente :
Chacun a rempli son formulaire. L'automobiliste a renversé un passant.

ON N'INSISTE PAS SUR LA PERSONNE QUI A FAIT L'ACTION OU MÊME... ON NE LA MENTIONNE PAS

• On s'intéresse au résultat de l'action ; on utilise la forme passive. L'**objet direct** vient comme sujet du verbe :
Le périphérique sera fermé de 22 heures à 6 heures.
Si on mentionne l'agent, il vient après ***par*** :
*Un enfant a été renversé **par** une bicyclette.*

• On exprime une façon de faire ; on utilise la forme pronominale (*se* + verbe) :
Ce vin se boit très frais.
Les timbres s'achètent à la poste.

• Le pronom *on* est utilisé comme sujet.
Il renvoie à une personne ou à un groupe sans plus de précisions :
***On** n'a pas encore retrouvé votre sac.*

Lu dans les journaux...

NEIGE
LE MIDI COUPÉ
DU RESTE DE LA **France**

FAUX BILLETS
Un pompiste
condamné

INCENDIE :
un atelier
partiellement détruit

HÔTEL *LES CACTUS*
• Hôtel et restaurant
ouverts toute l'année
• Parking assuré
• Piscine extérieure
chauffée de juin à
septembre

Concours :
10 voyages à gagner !

ANNEXES

TABLEAUX DE CONJUGAISON*
CONSTRUCTIONS VERBALES
INDEX

* Pour des raisons de place, les pronoms personnels féminins *elle* (sing.) et *elles* (plur.) n'ont généralement été mentionnés que dans la colonne présent. Pour les mêmes raisons, la 1re personne du pluriel de l'impératif n'est pas donnée systématiquement.

INFINITIF	PRÉSENT	FUTUR	PASSÉ COMPOSÉ	IMPARFAIT	PASSÉ SIMPLE
ACHETER	j'achète vous achetez	j'achèterai vous achèterez	j'ai acheté vous avez acheté	j'achetais vous achetiez	il acheta ils achetèrent
ALLER	je vais tu vas il / elle va nous allons vous allez ils / elles vont	j'irai tu iras il ira nous irons vous irez ils iront	je suis allé(e) tu es allé(e) il / elle est allé(e) nous sommes allé(e)s vous êtes allé(e)(s) ils / elles sont allé(e)s	j'allais tu allais il allait nous allions vous alliez ils allaient	j'allai tu allas il alla nous allâmes vous allâtes ils allèrent
APPELER	j'appelle vous appelez	j'appellerai vous appelleriez	j'ai appelé vous avez appelé	j'appelais vous appeliez	il appela ils appelèrent
S'ASSEOIR (ou : je m'assois)	je m'assieds vous vous asseyez	je m'assiérai vous vous assiérez	je me suis assis(e) vous vous êtes assis(e)(s)	je m'asseyais vous vous asseyiez	il s'assit ils s'assirent
AVOIR	j'ai tu as il / elle a nous avons vous avez ils / elles ont	j'aurai tu auras il aura nous aurons vous aurez ils auront	j'ai eu tu as eu il a eu nous avons eu vous avez eu ils ont eu	j'avais tu avais il avait nous avions vous aviez ils avaient	j'eus tu eus il eut nous eûmes vous eûtes ils eurent
BOIRE	je bois vous buvez	je boirai vous boirez	j'ai bu vous avez bu	je buvais vous buviez	il but ils burent
CONNAÎTRE	je connais vous connaissez	je connaîtrai vous connaîtrez	j'ai connu vous avez connu	je connaissais vous connaissiez	il connut ils connurent
CRAINDRE	je crains vous craignez	je craindrai vous craindrez	j'ai craint vous avez craint	je craignais vous craigniez	il craignit ils craignirent
CROIRE	je crois vous croyez	je croirai vous croirez	j'ai cru vous avez cru	je croyais vous croyiez	il crut ils crurent
COURIR	je cours vous courez	je courrai vous courrez	j'ai couru vous avez couru	je courais vous couriez	il courut ils coururent
DESCENDRE	je descends vous descendez	je descendrai vous descendrez	je suis descendu(e) vs êtes descendu(e)(s)	je descendais vous descendiez	il descendit ils descendirent
DEVOIR	je dois vous devez ils / elles doivent	je devrai vous devrez ils devront	j'ai dû vous avez dû ils ont dû	je devais vous deviez ils devaient	il dut ils durent
DIRE	je dis, n. disons v. dites, ils disent	je dirai vous direz	j'ai dit vous avez dit	je disais vous disiez	il dit ils dirent
DONNER	je donne vous donnez	je donnerai vous donnerez	j'ai donné vous avez donné	je donnais vous donniez	il donna ils donnèrent
ÉCRIRE	j'écris vous écrivez	j'écrirai vous écrirez	j'ai écrit vous avez écrit	j'écrivais vous écriviez	il écrivit ils écrivirent
ENVOYER	j'envoie vous envoyez	j'enverrai vous enverrez	j'ai envoyé vous avez envoyé	j'envoyais vous envoyiez	il envoya ils envoyèrent

ESSAYER	j'essaie vous essayez	j'essaierai vous essaierez	j'ai essayé vous avez essayé	j'essayais vous essayiez	il essaya ils essayèrent
ÊTRE	je suis tu es il / elle est nous sommes vous êtes ils / elles sont	je serai tu seras il sera nous serons vous serez ils seront	j'ai été tu as été il a été nous avons été vous avez été ils ont été	j'étais tu étais il était nous étions vous étiez ils étaient	je fus tu fus il fut nous fûmes vous fûtes ils furent
FAIRE	je fais nous faisons v. faites, ils font	je ferai nous ferons vous ferez	j'ai fait nous avons fait vous avez fait	je faisais nous faisions vous faisiez	il fit nous fîmes ils firent
FALLOIR	il faut	il faudra	il a fallu	il fallait	il fallut
FINIR	je finis vous finissez	je finirai vous finirez	j'ai fini vous avez fini	je finissais vous finissiez	il finit ils finirent
JETER	je jette vous jetez	je jetterai vous jetterez	j'ai jeté vous avez jeté	je jetais vous jetiez	il jeta ils jetèrent
LIRE	je lis vous lisez	je lirai vous lirez	j'ai lu vous avez lu	je lisais vous lisiez	il lut ils lurent
METTRE	je mets vous mettez	je mettrai vous mettrez	j'ai mis vous avez mis	je mettais vous mettiez	il mit ils mirent
OUVRIR offrir	j'ouvre vous ouvrez	j'ouvrirai vous ouvrirez	j'ai ouvert vous avez ouvert	j'ouvrais vous ouvriez	il ouvrit ils ouvrirent
PARTIR sortir	je pars vous partez	je partirai vous partirez	je suis parti(e) vous êtes parti(e)(s)	je partais vous partiez	il partit ils partirent
SE PLAINDRE	je me plains v. vous plaignez	je me plaindrai v. vous plaindrez	je me suis plaint(e) v. v. êtes plaint(e)s	je me plaignais v. vous plaigniez	il se plaignit ils se plaignirent
PLEUVOIR	il pleut	il pleuvra	il a plu	il pleuvait	il plut
POUVOIR	je peux vous pouvez ils peuvent	je pourrai vous pourrez ils pourront	j'ai pu vous avez pu ils ont pu	je pouvais vous pouviez ils pouvaient	il put nous pûmes ils purent
PRENDRE perdre, rendre	je prends vous prenez	je prendrai vous prendrez	j'ai pris vous avez pris	je prenais vous preniez	il prit ils prirent
SAVOIR	je sais vous savez	je saurai vous saurez	j'ai su vous avez su	je savais vous saviez	il sut ils surent
TENIR	je tiens vous tenez	je tiendrai vous tiendrez	j'ai tenu vous avez tenu	je tenais vous teniez	il tint ils tinrent
VALOIR	il vaut ils / elles valent	il vaudra ils vaudront	il a valu ils ont valu	il valait ils valaient	il valut ils valurent
VIVRE	je vis vous vivez	je vivrai vous vivrez	j'ai vécu vous avez vécu	je vivais vous viviez	il vécut ils vécurent
VOIR	je vois vous voyez	je verrai vous verrez	j'ai vu vous avez vu	je voyais vous voyiez	il vit ils virent
VOULOIR	je veux vous voulez ils / elles veulent	je voudrai vous voudrez ils voudront	j'ai voulu vous avez voulu ils ont voulu	je voulais vous vouliez ils voulaient	il voulut vous voulûtes ils voulurent

INFINITIF	PLUS-QUE-PARFAIT	PASSÉ ANTÉRIEUR	FUTUR ANTÉRIEUR	CONDITIONNEL PRÉSENT	CONDITIONNEL PASSÉ
ACHETER	j'avais acheté vous aviez acheté	j'eus acheté ils eurent acheté	j'aurai acheté vous aurez acheté	j'achèterais vous achèteriez	j'aurais acheté vs auriez acheté
ALLER	j'étais allé(e) tu étais allé(e) elle était allée ns étions allé(e)s vous étiez allé(e)(s) ils étaient allés	je fus allé(e) tu fus allé(e) elle fut allée ns fûmes allé(e)s vous fûtes allé(e)(s) ils furent allés	je serai allé(e) tu seras allé(e) elle sera allée ns serons allé(e)(s) vous serez allé(e)(s) ils seront allés	j'irais tu irais il irait nous irions vous iriez ils iraient	je serais allé(e) tu serais allé(e) elle serait allée nous serions allé(e)s vous seriez allé(e)(s) ils seraient allés
APPELER	j'avais appelé vous aviez appelé	j'eus appelé ils eurent appelé	j'aurai appelé vous aurez appelé	j'appellerais vous appelleriez	j'aurais appelé vous auriez appelé
S'ASSEOIR (ou je m'assois)	je m'étais assis(e) vous vous étiez assis(e)(s)	je me fus assis(e) elles se furent assises	je me serai assis(e) vous vous serez assis(e)(s)	je m'assiérais vous vous assiériez	je me serais assis(e) vous vous seriez assis(e)(s)
AVOIR	j'avais eu tu avais eu il avait eu nous avions eu vous aviez eu ils avaient eu	j'eus eu tu eus eu il eut eu nous eûmes eu vous eûtes eu ils eurent eu	j'aurai eu tu auras eu il aura eu nous aurons eu vous aurez eu ils auront eu	j'aurais tu aurais il aurait nous aurions vous auriez ils auraient	j'aurais eu tu aurais eu il aurait eu nous aurions eu vous auriez eu ils auraient eu
BOIRE	j'avais bu vous aviez bu	j'eus bu ils eurent bu	j'aurai bu vous aurez bu	je boirais vous boiriez	j'aurais bu vous auriez bu
CONNAÎTRE	j'avais connu vous aviez connu	j'eus connu ils eurent connu	j'aurai connu vous aurez connu	je connaîtrais vous connaîtriez	j'aurais connu vous auriez connu
CRAINDRE	j'avais craint vous aviez craint	j'eus craint ils eurent craint	j'aurai craint vous aurez craint	je craindrais vous craindriez	j'aurais craint vous auriez craint
CROIRE	j'avais cru vous aviez cru	j'eus cru ils eurent cru	j'aurai cru vous aurez cru	je croirais vous croiriez	j'aurais cru vous auriez cru
COURIR	j'avais couru vous aviez couru	j'eus couru ils eurent couru	j'aurai couru vous aurez couru	je courrais vous courriez	j'aurais couru vous auriez couru
DESCENDRE	j'étais descendu(e) vous étiez descendu(e)(s)	je fus descendu(e) ils furent descendus	je serai descendu(e) ils seront descendus	je descendrais vs descendriez	je serais descendu(e) vous seriez descendu(e)(s)
DEVOIR	j'avais dû vous aviez dû	j'eus dû ils eurent dû	j'aurai dû ils auront dû	je devrais vous devriez	j'aurais dû ils auraient dû
DIRE	j'avais dit vous aviez dit	j'eus dit ils eurent dit	j'aurai dit vous aurez dit	je dirais vous diriez	j'aurais dit vous auriez dit
DONNER	j'avais donné vous aviez donné	j'eus donné ils eurent donné	j'aurai donné vous aurez donné	je donnerais vous donneriez	j'aurais donné vous auriez donné
ÉCRIRE	j'avais écrit vous aviez écrit	j'eus écrit ils eurent écrit	j'aurai écrit vous aurez écrit	j'écrirais vous écririez	j'aurais écrit vous auriez écrit
ENVOYER	j'avais envoyé vous aviez envoyé	j'eus envoyé ils eurent envoyé	j'aurai envoyé vous aurez envoyé	j'enverrais vous enverriez	j'aurais envoyé vous auriez envoyé
ESSAYER	j'avais essayé vous aviez essayé	j'eus essayé ils eurent essayé	j'aurai essayé vous aurez essayé	j'essaierais vous essaieriez	j'aurais essayé vous auriez essayé

ÊTRE	j'avais été tu avais été il avait été nous avions été vous aviez été ils avaient été	j'eus été tu eus été il eut été nous eûmes été vous eûtes été ils eurent été	j'aurai été tu auras été il aura été nous aurons été vous aurez été ils auront été	je serais tu serais il serait nous serions vous seriez ils seraient	j'aurais été tu aurais été il aurait été nous aurions été vous auriez été ils auraient été
FAIRE	j'avais fait vous aviez fait	j'eus fait ils eurent fait	j'aurai fait vous aurez fait	je ferais vous feriez	j'aurais fait vous auriez fait
FALLOIR	il avait fallu	il eut fallu	il aura fallu	il faudrait	il aurait fallu
FINIR	j'avais fini vous aviez fini	j'eus fini ils eurent fini	j'aurai fini vous aurez fini	je finirais vous finiriez	j'aurais fini vous auriez fini
JETER	j'avais jeté vous aviez jeté	j'eus jeté ils eurent jeté	j'aurai jeté vous aurez jeté	je jetterais vous jetteriez	j'aurais jeté vous auriez jeté
LIRE	j'avais lu vous aviez lu	j'eus lu ils eurent lu	j'aurai lu vous aurez lu	je lirais vous liriez	j'aurais lu vous auriez lu
METTRE	j'avais mis vous aviez mis	j'eus mis ils eurent mis	j'aurai mis vous aurez mis	je mettrais vous mettriez	j'aurais mis vous auriez mis
OUVRIR offrir	j'avais ouvert vous aviez ouvert	j'eus ouvert ils eurent ouvert	j'aurai ouvert v. aurez ouvert	j'ouvrirais vous ouvririez	j'aurais ouvert v. auriez ouvert
PARTIR sortir	j'étais parti(e) vs étiez parti(e)(s)	je fus parti(e) ils furent partis	je serai parti(e) vs serez parti(e)(s)	je partirais vous partiriez	je serais parti(e) vous seriez partis
SE PLAINDRE	je m'étais plaint(e) vous vous étiez plaint(e)s	je me fus plaint(e) ils se furent plaints	je me serai plaint(e) vous vous serez plaint(e)s	je me plaindrais vous vous plaindriez	je me serais plaint(e)
PLEUVOIR	il avait plu	il eut plu	il aura plu	il pleuvrait	il aurait plu
POUVOIR	j'avais pu vous aviez pu	j'eus pu ils eurent pu	j'aurai pu vous aurez pu	je pourrais vous pourriez	j'aurais pu vous auriez pu
PRENDRE perdre rendre	j'avais pris vous aviez pris ils avaient pris	j'eus pris vous eutes pris ils eurent pris	j'aurai pris vous aurez pris ils auront pris	je prendrais vous prendriez ils prendraient	j'aurais pris vous auriez pris ils auraient pris
SAVOIR	j'avais su vous aviez su	j'eus su ils eurent su	j'aurai su vous aurez su	je saurais vous sauriez	j'aurais su vous auriez su
TENIR	j'avais tenu vous aviez tenu	j'eus tenu ils eurent tenu	j'aurai tenu vous aurez tenu	je tiendrais vous tiendriez	j'aurais tenu vous auriez tenu
VALOIR	il avait valu	il eut valu	il aura valu	il vaudrait	il aurait valu
VIVRE	j'avais vécu vous aviez vécu	j'eus vécu ils eurent vécu	j'aurai vécu vous aurez vécu	je vivrais vous vivriez	j'aurais vécu vous auriez vécu
VOIR	j'avais vu vous aviez vu	j'eus vu ils eurent vu	j'aurai vu vous aurez vu	je verrais vous verriez	j'aurais vu vous auriez vu
VOULOIR	j'avais voulu vous aviez voulu	j'eus voulu ils eurent voulu	j'aurai voulu vous aurez voulu	je voudrais vous voudriez	j'aurais voulu vs auriez voulu

INFINITIF	SUBJONCTIF PRÉSENT	SUBJONCTIF PASSÉ	SUBJONCTIF IMPARFAIT	IMPÉRATIF	PARTICIPE PRÉSENT
ACHETER	j'achète vous achetiez	j'aie acheté vous ayez acheté	j'achetasse il achetât	achète achet-ons/-ez	achetant
ALLER	j'aille tu ailles il / elle aille nous allions vous alliez ils aillent	je sois allé(e) tu sois allé(e) elle soit allée nous soyons allé(e)s vous soyez allé(e)(s) ils soient allés	j'allasse tu allasses il allât nous allassions vous allassiez ils allassent	va allons allez	allant
APPELER	j'appelle vous appeliez	j'aie appelé vous ayez appelé	j'appelasse il appelât	appelle appel-ons/-ez	appelant
S'ASSEOIR (ou je m'assois)	je m'asseye vous vous asseyiez	je me sois assis(e) vous vous soyez assis(e)(s)	je m'assisse il s'assît	assieds-toi asseyons-nous asseyez-vous	asseyant
AVOIR	j'aie tu aies il / elle ait nous ayons vous ayez ils aient	j'aie eu tu aies eu il ait eu nous ayons eu vous ayez eu ils aient eu	j'eusse tu eusses il eût nous eussions vous eussiez ils eussent	aie ayons ayez	ayant
BOIRE	je boive vous buviez	j'aie bu vous ayez bu	je busse il bût	bois buv-ons/-ez	buvant
CONNAÎTRE	je connaisse vous connaissiez	j'aie connu vous ayez connu	je connusse il connût	(connais) (connaissez)	connaissant
CRAINDRE	je craigne vous craigniez	j'aie craint vous ayez craint	je craignisse il craignît	crains craign-ons/-ez	craignant
CROIRE	je croie vous croyiez	j'aie cru vous ayez cru	je crusse il crût	crois croy-ons/-ez	croyant
COURIR	je coure vous couriez	j'aie couru vous ayez couru	je courusse il courût	cours cour-ons/-ez	courant
DESCENDRE	je descende vous descendiez	je sois descendu(e) vous soyez descendu(e)(s)	je descendisse il descendît	descends descendons descendez	descendant
DEVOIR	je doive vous deviez	J'ai dû vous ayez dû	je dusse il dût		devant
DIRE	je dise vous disiez	j'aie dit vous ayez dit	je disse il dît	dis disons / dites	disant
DONNER	je donne vous donniez	j'aie donné vous ayez donné	je donnasse il donnât	donne donn-ons/-ez	donnant
ÉCRIRE	j'écrive vous écriviez	j'aie écrit vous ayez écrit	j'écrivisse il écrivit	écris écriv-ons/-ez	écrivant
ENVOYER	j'envoie vous envoyiez	j'aie envoyé vous ayez envoyé	j'envoyasse il envoyât	envoie envoy-ons/-ez	envoyant

ESSAYER	j'essaie vous essayiez	j'aie essayé vous ayez essayé	j'essayasse il essayât	essaie essayez	essayant
ÊTRE	je sois tu sois il soit nous soyons vous soyez ils soient	j'aie été tu aies été il ait été nous ayons été vous ayez été ils aient été	je fusse tu fusses il fût nous fussions vous fussiez ils fussent	sois soyons soyez	étant
FAIRE	je fasse vous fassiez	j'aie fait vous ayez fait	je fisse il fît	fais faisons / faites	faisant
FALLOIR	il faille	il ait fallu	il fallût		
FINIR	je finisse vous finissiez	j'aie fini vous ayez fini	je finisse il finît	finis finiss-ons/-ez	finissant
JETER	je jette vous jetiez	j'aie jeté vous ayez jeté	je jetasse il jetât	jette jet-ons/-ez	jetant
LIRE	je lise vous lisiez	j'aie lu vous ayez lu	je lusse il lût	lis lis-ons/-ez	lisant
METTRE	je mette vous mettiez	j'aie mis vous ayez mis	je misse il mît	mets mett-ons/-ez	mettant
OUVRIR offrir	j'ouvre vous ouvriez	j'aie ouvert vous ayez ouvert	j'ouvrisse il ouvrît	ouvre ouvr-ons/-ez	ouvrant
PARTIR sortir	je parte vous partiez	je sois parti(e) vs soyez parti(e)(s)	je partisse il partît	pars part-ons/-ez	partant
SE PLAINDRE	je me plaigne vous vous plaigniez	je me sois plaint(e) vous vous soyez plaint(e)s	je me plaignisse il se plaignît	plains-toi plaignons-nous plaignez-vous	se plaignant
PLEUVOIR	il pleuve	il ait plu	il plût		pleuvant
POUVOIR	je puisse vous puissiez	j'aie pu vous ayez pu	je pusse il pût		pouvant
PRENDRE perdre	je prenne vous preniez	j'aie pris vous ayez pris	je prisse il prît	prends pren-ons/-ez	prenant
SAVOIR	je sache vous sachiez	j'aie su vous ayez su	je susse il sût	sache sach-ons/-ez	sachant
TENIR	je tienne vous teniez	j'aie tenu vous ayez tenu	il tînt je tinsse	tiens ten-ons/-ez	tenant
VALOIR	il vaille	il ait valu	il valût		valant
VIVRE	je vive vous viviez	j'aie vécu vous ayez vécu	je vécusse il vécût	vis viv-ons/-ez	vivant
VOIR	je voie vous voyiez	j'aie vu vous ayez vu	je visse il vît	vois voy-ons/-ez	voyant
VOULOIR	je veuille vous vouliez	j'aie voulu vous ayez voulu	je voulusse il voulût	veuillez	voulant

LES CONSTRUCTIONS VERBALES

ACCEPTER	qqch ; de + Infinitif *(de venir)*, que + Subjonctif *(que tu me remplaces).*
ACCUSER	qq. ; qq. de qqch *(de vol)*, qq. de + Infinitif : *Elle l'a accusé d'avoir tout pris.*
S'ADRESSER	à qq. : *Adressez-vous à lui.*
AFFIRMER	(à qq.) que + Indicatif : *Elle a affirmé qu'elle ne savait rien.*
S'AGIR	Impersonnel : de qqch : *Il s'agit d'une histoire drôle.* *de* + Infinitif : *Il s'agit de trouver une solution.*
AIDER	qq. *Aide ta sœur. qq.* à + Infinitif : *Je t'aide à faire la vaisselle ?*
AIMER	+ Infinitif : *Elle aime lire.* que + Subjonctif : *Elle aime que tu lui racontes des histoires.*
ALLER	quelque part : *Ce chemin ne va nulle part.* + Infinitif : *Je vais voir un film. Va chercher du lait.* *aller bien, aller mal.*
ANNONCER	qqch : *Ils ont annoncé leur mariage.* que + Indicatif *(qu'ils allaient se marier.)*
S'APERCEVOIR	de qqch : *Il s'est aperçu de notre absence.* que + Indicatif : *Elle s'est aperçu qu'elle avait oublié son porte-monnaie.*
APPELER	qq. *(au secours, à l'aide)* ; passif à + Infinitif : *Il est appelé à voyager.*
APPRENDRE	qqch *(une nouvelle)* ; que + Indicatif : *J'ai appris qu'il avait déménagé.* à + Infinitif : *Elle apprend à conduire.* à qq. à + Infinitif : *Il apprend à nager à sa fille.*
S'APPROCHER	de qq./ qqch : *Elle s'approche du groupe / de la table.*
ARRETER	de + Infinitif : *Arrêtez de parler.*
ARRIVER	quelque part ; à + Infinitif : *Je n'arrive pas à m'endormir.* Impersonnel : à qq. de + Infinitif : *Il lui arrive de se tromper.*
S'ASSEOIR	quelque part : *Ils se sont assis par terre.*
ATTENDRE	qq., qqch *(le train)*, que + Subjonctif : *Elle attend que tu arrives.*
S'ATTENDRE	à qqch : *Il s'attend à un cadeau.* à + Infinitif : *Ils s'attendent à manger.* à ce que + Subjonctif : *Elle s'attend à ce que tu viennes.*
AVERTIR	qq. : *Ils ont averti la police.* qq. que + Indicatif : *Ils l'ont averti qu'ils n'attendront pas.*
AVOIR	à + Infinitif : *Je n'ai rien à faire.* *du mal / de la peine à... J'ai de la peine à le croire.* *avoir le droit de : On a le droit de savoir.*
AVOUER	qqch : *(sa faute)* qqch à qq.; que + Indicatif : *(qu'il s'était trompé).* à qq. + Infinitif passé : *Il lui a avoué s'être trompé.*
CESSER	qqch *(ce bruit)* ; de + Infinitif : *Il ne cesse de pleuvoir.*
CHANGER	qqch ; qqch contre qqch ; de qqch *(d'avis)* ; avec qq. : *Change de place avec lui.*
CHERCHER	qqch : *Il cherche son chat* ; à + Infinitif : *Il cherche à comprendre.*
CHOISIR	qqch / qq. ; que + Subjonctif ; de + Infinitif : *Il a choisi de partir en août.* qq. comme qq. : *Il l'a choisi comme conseiller.*

COMMENCER	qqch *(un travail)* ; à + Infinitif : *(à travailler).* par qqch ; par + Infinitif : *Il a commencé par dire que...*
COMPARER	qqch / qq. à qqch / qq.; qqch et autre chose
COMPRENDRE	qqch *(le français)* : *Je ne comprends pas ce qui est arrivé.* comment + Indicatif : *Je ne comprends pas comment tu as pu faire ça.* que + Subjonctif : *je ne comprends pas que tu sois en colère.*
COMPTER	qqch *(des pièces)* ; + Infinitif : *Il compte voir l'exposition* ; sur qqch / qq. : *Je compte sur vous.*
CONSEILLER	qqch à qq. : *Le médecin lui a conseillé le repos.* à qq. de + Infinitif : *Je vous conseille d'essayer ce nouveau produit.*
CONSENTIR	à qqch ; à + Infinitif : *Il a consenti à nous recevoir.*
CONSTATER	qqch ; que + Indicatif : *Je constate que rien n'a changé.*
CONSISTER	à + Infinitif : *Votre travail consiste à répondre au téléphone.* en qqch : *En quoi ça consiste ?*
CONTINUER	qqch ; à / de + Infinitif : *Il a continué à / de parler.*
CONVAINCRE	qq. ; qq. de qqch : *Elle nous a convaincu de sa bonne foi* ; qq. de + Infinitif.
CRAINDRE	qqch / qq. ; pour qqch ; qqch de qq. ; que + Subjonctif : *Je crains qu'on ait de la pluie* ; de + Infinitif : *Je crains de ne pas avoir assez d'argent.*
CRIER	qqch ; qqch à qq. ; après qq. / qqch *(après des enfants)* ; que + Indicatif : *Il a crié qu'il ne pouvait pas venir.* que + Subjonctif / à qq. de + Infinitif.
CROIRE	qqch / qq. ; en qq. / qqch *(en Dieu)* ; qqch de qq. : *Je n'aurais pas cru ça de lui* ; que + Indicatif : *Je crois que c'est son meilleur film* ; + Infinitif : *Je crois avoir compris.*
DÉCIDER	de qqch *(de l'itinéraire)* ; que + Indicatif : *Elle a décidé qu'elle ne viendrait pas.* qq. à + Infinitif : *Il l'a décidé à nous accompagner* ; de + Infinitif : *Il a décidé de nous accompagner.*
DÉCLARER	qqch *(son innocence)* ; que + Indicatif : *Il a déclaré qu'il ne se présenterait pas aux prochaines élections.* à qq. que + Indicatif.
DÉFENDRE	qqch ; de + Infinitif ; à qq. de + Infinitif : *Il lui a défendu de fumer.*
DEMANDER	qqch ; qqch à qq. *(l'heure à un passant)* ; après qq. : *L'enfant a demandé après sa mère* ; à + Infinitif : *Il a demandé à être reçu* ; que + Subjonctif : *Il a demandé que tu viennes* ; de + Infinitif : *Il a demandé de venir.*
SE DEMANDER	si + Indicatif : *Je me demande s'il n'a pas oublié. / ce qu'il va penser.*
DÉMONTRER	qqch ; à qq. que + Indicatif : *Elle leur a démontré qu'elle était capable de le faire.*
SE DÉPÊCHER	de + Infinitif : *Dépêche-toi de manger.*
DÉPENDRE	de qqch / de qq. : *Le prix dépend du nombre de participants.*
DESCENDRE	qqch / qq. : *Il a descendu la valise.* de qqch : *Il est descendu de l'ascenseur.* + Infinitif : *Il est descendu chercher le courrier.*
DÉSIRER	qqch / qq. ; + Infinitif : *Je désire m'inscrire à un cours de dessin.* que + Subjonctif : *Ils désirent que tu réussisses.*
DÉTESTER	qq. / qqch *(ce qui est trop épicé)* ; + Infinitif *(arriver en retard)* ; que + Subjonctif *(qu'on lise par-dessus son épaule)*

DEVENIR	qqch / qq. *(étudiant)*, + adjectif : *Il est devenu très influent.*
DEVINER	qqch *(ce qui m'est arrivé)* ; que + Indicatif : *Je devine que ça n'a pas été facile.*
DEVOIR	qqch *(de l'argent)* ; qqch à qq. ; + Infinitif : *Elle doit venir.*
DIRE	qqch à qq. *Il lui a dit non.* qqch de qq. *(du bien de nous).* (à qq.) de + Infinitif / que + Subjonctif : *Il lui a dit de parler moins fort.* (à qq.) que + Indicatif : *Il nous a dit qu'il était reçu.*
DISCUTER	de qqch ; *(de politique)* avec qq. *(avec ses amis)*
DIVORCER	d'avec qq. : *Ils ont divorcé.*
DONNER	sur qqch *(sur la rue)* ; qqch à qq. : *Il lui a donné un quart d'heure.*
DOUTER	de qqch, de qq. : *Est-ce que tu doutes de ma parole ?* que + Subjonctif : *Il doute que l'autocar soit à l'heure.*
SE DOUTER	de qqch ; que + Indicatif : *Elle se doute que tu vas venir.*
ÉCOUTER	qq. / qqch *(de la musique), (son professeur)* ; qq. / qqch + Infinitif : *Elle l'écoute jouer du piano.*
ÉCRIRE	qqch à qq. *(une lettre)* ; (à qq.) que + Indicatif : *Il nous a écrit qu'il allait se marier.* à qq. que + Subjonctif / de + Infinitif : *Il nous a écrit qu'on lui envoie de l'argent.*
EMMENER	qq. quelque part : *Ils nous ont emmenés au restaurant.* qq. + Infinitif : *Il a emmené son fils voir un dessin animé.*
EMPÊCHER	qqch ; qq. de + Infinitif : *Pousse-toi, tu m'empêches de voir.*
ENCOURAGER	qq. ; qq. à + Infinitif : *Il m'a encouragé à poser ma candidature.*
ENTENDRE	qqch / qq. *(un bruit)* ; qq. + Infinitif : *Je t'ai entendu parler.*
ENTRER	quelque part ; + Infinitif : *Je suis entrée te dire bonjour.*
ENVOYER	qq. / qqch *(un fax)* ; qq. / qqch à qq. : *Je vous envoie tout de suite un reçu.* qq. + Infinitif : *Je l'ai envoyé acheter une baguette.*
ESPÉRER	qqch *(un miracle)* ; + Infinitif : *J'espère avoir de vos nouvelles.* que + Indicatif (+ futur) *(qu'ils viendront).*
ESSAYER	qqch *(un vêtement)* ; de + Infinitif : *J'essaierai d'arriver à l'heure.*
ÊTRE	+ adjectif *(étudiant)* ; (familier pour ALLER : *j'ai été voir*)
ÉVITER	qqch / qq. *(un accident)* ; de + Infinitif : *Je vais éviter de marcher dans les flaques ;* à qq. de + Infinitif : *Ça lui évitera d'attendre.*
S'EXCUSER	de qqch *(d'un retard)* ; de + Infinitif : *Excusez-moi d'être arrivé si tard.*
EXIGER	qqch *(une explication)* ; qqch de qq. ; de + Infinitif ; que + Subjonctif : *Elle exige qu'on lui donne un délai.*
EXPLIQUER	qqch à qq. *(une absence)* ; (à qq.) que + Indicatif : *Elle a expliqué qu'on lui avait volé son sac ;* à qq. comment / où / pourquoi... + Indicatif : *Explique-moi comment ça marche.*
FAILLIR	+ Infinitif : *J'ai failli te téléphoner. Elle a failli s'évanouir.*
FAIRE	qqch *(la vaisselle)* ; qqch à qq. *(du mal à quelqu'un)* ; qqch pour qq. ; + Infinitif *(travailler)* ; + Infinitif qqch / qq. *(fonctionner un appareil).*

FALLOIR	Impersonnel : qqch / qq. *(des crédits)* ; qqch à qq. ; + Infinitif : *Il faut arrêter.* que + Subjonctif : *Il faut que tu te rétablisses.*
FINIR	qqch *(un travail)* ; de + Infinitif : *Finis de manger.* par qqch ; par + Infinitif : *J'ai fini par accepter.*
FORCER	qq. / qqch ; qq. à + Infinitif : *Ils l'ont forcé à démissionner.* être forcé de + Infinitif : *Nous étions forcés d'attendre.*
GAGNER	qqch *(du temps / de l'argent)* ; à + Infinitif : *Elle gagne à être connue.*
HABITER	quelque part *(rue Pasteur)* ; à *(Paris)*, au *(Québec)*.
S'HABITUER	à qqch *(à un climat)* ; à + Infinitif *(à se lever tôt)*.
HÉSITER	à + Infinitif *(à prendre une décision)* ; entre qqch et qqch *(entre les deux)*.
IGNORER	qqch *(tout à ce sujet)* ; que + Indicatif : *J'ignorais que tu avais été malade.* + où, si, comment… *J'ignore où il habite maintenant.*
S'IMAGINER	que + Indicatif : *Il s'imagine que tout est permis.*
IMPORTER	de *(Hollande)*. Impersonnel : de + Infinitif / que + Subjonctif : *Il importe de ne rien oublier.*
INCITER	qq. à qqch *(les gens à la prudence)* ; qq. à + Infinitif : *Il nous incite à réagir.*
INFORMER	qq. *(sa famille)* ; qq. de qqch ; sur qqch ; qq. que + Indicatif : *Ils nous ont informé que le train aurait du retard.*
S'INSCRIRE	à qqch *(à un cours)* ; dans qqch *(une école)*.
INSISTER	sur qqch ; pour que + Subjonctif : *Il insiste pour qu'on vienne.*
INTERDIRE	qqch ; qqch à qq. : *Il lui a interdit le sel.* à qq. de + Infinitif. (à qq.) de + Infinitif / que + Subjonctif : *Il est interdit de fumer dans les bureaux.*
S'INTÉRESSER	à qqch *(au théâtre)* ; à qq.
INVITER	qq. ; qq. à qqch *(un ami à une soirée)* ; qq. à + Infinitif : *Ils l'ont invité à dîner.*
SE JOINDRE	à qq. : *Joignez-vous à nous.*
JOUER	à qqch *(sports : au football; aux cartes)* ; de qqch *(instruments : du piano)* ; qqch à qq. *(un morceau de musique / un tour)* ; avec qqch *(avec un jouet)*.
JUGER	qq. / qqch ; qq. attribut : *Il a été jugé coupable.* qq. attribut de + Infinitif : *Il n'a pas jugé bon de nous faire venir.*
LAISSER	qqch / qq. *(un message)* ; qqch à qq. *(Laissez-lui le temps de…)* ; + Infinitif : *Laisse tomber* ; qq. + Infinitif : *Laissez-le parler.* qq. + adjectif : *Laisse-moi tranquille.*
LIRE	qqch ; qqch à qq. ; qqch dans qqch *(un article dans un journal)* ; que + Indicatif : *J'ai lu qu'elle allait publier un nouveau roman.*
MANQUER	de qqch / qq. : *On manque de crédits / de personnel* ; à qq. : *Reviens vite. Tu me manques.* de + Infinitif : *Elle a manqué de tomber.*
SE MARIER	avec qq.
SE MÉFIER	de qqch / qq. : *Méfie-toi de lui.*
SE MÊLER	de qqch : *Ne te mêle pas de nos affaires.*

MENACER	qq. de qqch *(de mort, de représailles)* ; de + Infinitif ; qq. de + Infinitif : *Il l'a menacé de tout répéter.*
METTRE	qqch *(un pull ; le vin au frais)* ; du temps à / pour + Infinitif : *Elle a mis longtemps à répondre. Il a mis trois heures pour rentrer.*
SE METTRE	à qqch *(au travail)* ; à + Infinitif : *Il s'est mis à travailler.*
MONTER	qqch *(un appareil)* ; quelque part *(à Paris)* ; + Infinitif *(voir quelqu'un).*
MONTRER	qqch / qq. *(des photos)* ; que + Indicatif : *Il montre qu'il comprend.* ; comment + Indicatif : *Montre-moi comment on fait.*
SE MOQUER	de qqch / qq. *(de notre opinion)* : *Il se moque de nous.*
NOTER	qqch *(une réaction)* ; que + Indicatif.
OBLIGER	qq. à + Infinitif : *Il les a obligés à participer.* être obligé de + Infinitif : *Nous sommes obligés de l'attendre.*
OBTENIR	qqch *(une réduction, une augmentation)* ; qqch de qq. ; (de qq.) que + Subjonctif ; de + Infinitif : *Il a obtenu d'être remboursé.*
S'OCCUPER	à qqch *(à la cuisine)* ; de qq. / de qqch *(d'enfants)* ; de + Infinitif *(de prendre les rendez-vous).*
OFFRIR	qqch *(des fleurs)* ; qqch à qq. ; qqch en *(en réparation / récompense...)* ; que + Subjonctif ; (à qq.) de + Infinitif : *Ils ont offert de te reconduire en voiture.*
S'OPPOSER	à qqch / qq. *(à tout compromis)* ; à ce que + Subjonctif *(à ce qu'on rentre à pied).*
ORDONNER	qqch ; qqch à qq. *(le repos)* ; à qq. de + Infinitif : *Il lui a ordonné de se taire.*
OSER	*Il faut oser* ; + Infinitif : *Ils n'osent pas refuser.*
OUBLIER	qqch / qq. *(l'heure)* ; de + Infinitif : *J'ai oublié de laisser la clé.* que + Indicatif : *J'ai oublié que tu devais venir.*
PARAÎTRE	+ adjectif *(heureux)* ; + Infinitif : *Elle paraît avoir compris.* Impersonnel : que + Indicatif : *Il paraît qu'ils vont divorcer. (= on dit que...)*
PARLER	qqch *(le français ou français)* ; à qq. ; avec qq., de qqch / qq. : *J'ai parlé de toi avec ton professeur.* de + Infinitif : *Il parle de déménager.*
PARTIR	quelque part *(en voyage)* ; de quelque part *(de Roissy Charles de Gaulle)* ; pour *(Marseille)* ; + Infinitif : *Ils sont partis faire des courses.*
PASSER	quelque part *(au bureau)* ; par *(Lille)* ; pour qq. *(pour un idiot)* ; + Infinitif : *Je passerai te voir* ; du temps à + Infinitif : *Il a passé deux heures à téléphoner.*
SE PASSER	de qq. / qqch : *Ils se sont passés de verre.* de + Infinitif : *Il ne peut pas se passer de fumer.*
PENSER	à qq. / qqch : *Pensez aux autres* ; qqch *(du bien)* de qq. ; à + Infinitif : *Pense à retenir ta place.* + Infinitif : *Penses-tu venir ?* que + Indicatif : *Je pense que je n'aurai pas le temps.*
PERDRE	*Il a perdu* qqch *(de l'argent, du temps)* ; (son temps) à + Infinitif : *Il perd son temps à rêver.*
PERMETTRE	qqch (à qq.) ; à qq. de + Infinitif : *Le docteur lui a permis de se lever.* que + Subjonctif : *Elle a permis que tu y ailles.*

PERSUADER	qq. ; qq. de + Infinitif : *Il l'a persuadé d'accepter.* qq. que + Indicatif : *Je suis persuadé que ça ne changera rien.*
SE PLAINDRE	de qqch / qq. *(du bruit, de ses voisins)* ; à qq. *(au responsable)* ; que + Indicatif : *Il se plaint qu'il n'est jamais pris au sérieux.* de + Infinitif : *Il se plaint de n'être jamais écouté.*
PLAIRE	à qq. : *Ça vous plaît ?* ; à qq. de + Infinitif : *Ça te plairait de venir un week-end ?* à qq. que + Subjonctif : *Ça te plairait que je l'invite ?*
POUVOIR	+ Infinitif : *Tu peux venir quand tu veux.* Impersonnel : *Il se peut que...* ; + Subjonctif : *Il se peut qu'on vous appelle.*
PRÉFÉRER	qqch / qq. ; qqch à qqch *(le thé au café)* qq. à qq. ; que + Subjonctif : *Je préfère que nous partions ensemble.* + Infinitif : *Je préfère rester seule.*
SE PRÉPARER	à qqch ; à + Infinitif : *Il se prépare à parler.*
SE PRÉSENTER	à qq. ; à qqch *(à un examen)* ; quelque part *(à la réception).*
PRÉTENDRE	à qqch *(à des indemnités).* que + Indicatif : *Il prétend qu'il n'a pas été prévenu.* + Infinitif : *Il prétend n'avoir rien entendu.*
PRÉVENIR	qq. de qqch *(d'un danger)* ; qq. que + Indicatif : *Je l'ai prévenu que le plombier devait passer.*
PRÉVOIR	qqch *(une dépense)* ; que + Indicatif : *Je n'avais pas prévu qu'il viendrait.* de + Infinitif : *J'ai prévu de prendre le train de 4 heures.*
PRIER	qq. de + Infinitif : *Vous êtes priés de vous présenter à la réception.*
PROFITER	de qqch *(d'une affaire)* ; de ce que + Indicatif : *Nous profitons de ce qu'il fait beau.*
PROMETTRE	qqch ; qqch à qq. ; à qq. que + Indicatif : *Je te promets que nous irons au cinéma.* à qq. de + Infinitif : *Je lui ai promis de venir.*
PROPOSER	qqch *(une sortie)* à qq. ; de + Infinitif : *Il a proposé de venir nous chercher.* à qq. que + Subjonctif : *Je te propose qu'on aille au cinéma.*
PROUVER	qqch ; que + Indicatif : *Ça prouve que vous avez raison.*
RACONTER	qqch *(une histoire)* ; qqch à qq. : *Je lui ai raconté ce qui nous était arrivé.* à qq. que + Indicatif : *Il nous a raconté qu'il avait été attaqué.*
RAPPELER	qqch à qq. *(une date)* ; à qq. de + Infinitif : *Tu lui as rappelé d'apporter un gâteau ?* à qq. que + Indicatif : *Il leur a rappelé qu'ils étaient invités.*
SE RAPPELER	qqch *(une adresse)* ; que + Indicatif : *Il s'est rappelé que c'était ma fête.*
RÉALISER	qqch *(un rêve)* ; que + Indicatif : *Il réalise qu'il a tort.*
RECOMMANDER	qqch / qq. *(un produit).* à qq. de + Infinitif : *Il leur a recommandé d'aller voir ce film.*
RECONNAITRE	qqch, qq. ; que + Indicatif : *Il a reconnu qu'on ne pouvait rien faire.*
REFUSER	qqch *(une offre, l'entrée)* ; de + Infinitif : *Il a refusé de nous laisser entrer.* que + Subjonctif : *Il a refusé que je prenne sa voiture.*
REGARDER	qq. / qqch ; qq. / qqch + Infinitif : *Nous avons regardé le soleil se coucher.* à + Infinitif : *Elle regarde à faire le voyage cette année.*
REGRETTER	qqch / qq. (une époque) ; que + Subjonctif : *Je regrette que vous ne puissiez pas venir.* de + Infinitif : *Je regrette d'être arrivée trop tard.*

REMARQUER	qqch *(un détail ; un défaut)* ; que + Indicatif : *Je remarque que personne n'a fini à l'heure. Se faire remarquer : Ne te fais pas remarquer.*
REMERCIER	qq. de qqch : *Je vous remercie de votre lettre.* qq. pour qqch : *Je vous remercie pour / de tout ce que vous avez fait.* qq. de + Infinitif : *Je vous remercie d'être venu.*
SE RENDRE	quelque part *(à Genève ; en Suisse).*
SE RENDRE COMPTE	de qqch *(de son erreur)* ; que + Indicatif : *Il se rend compte qu'il n'a pas assez d'argent.*
RENONCER	à qqch *(à un voyage)* ; à + Infinitif : *Il a renoncé à porter plainte.*
RENTRER	quelque part *(chez soi, à Bruxelles)* ; + Infinitif : *Il est rentré se reposer.*
RÉPÉTER	qqch *(une phrase, un morceau de musique)* ; qqch à qq. : *Il lui a tout répété.* que + Indicatif : *Il a répété qu'il était innocent.* à qq. de + Infinitif : *Il nous a répété de ne pas faire de bruit.*
RÉPONDRE	qqch : *Il a répondu oui / non. qqch à qq.* ; que + Indicatif : *Elle a répondu qu'elle n'était pas libre.* à qq. de + Infinitif : *Il m'a répondu de ne pas me mêler de ses affaires.*
REPROCHER	qqch *(un geste)* ; qqch à qq. ; à qq. de + Infinitif : *Elle lui a reproché de s'être mis en colère.*
RÉSISTER	à qqch *(aux pressions).*
RESSEMBLER	à qq. / qqch *(à ses parents).*
RESTER	quelque part *(dans sa chambre)* ; + Infinitif : *Je suis restée manger.* Impersonnel qqch : *Il nous reste peu de temps.* à qq. à + Infinitif : *Il nous reste à trouver une date.*
RÉUSSIR	(à) qqch *(un examen)* ; à + Infinitif : *Elle a réussi à obtenir une place.*
RÊVER	à qqch *(aux vacances)* ; de qqch *(d'une vie tranquille).* que + Indicatif : *J'ai rêvé que j'avais gagné à la loterie.*
RISQUER	qqch *(sa vie)* ; de + Infinitif : *Il risque de venir cet après-midi.*
SAVOIR	qqch *(l'heure ; une langue)* ; qqch de qq. : *Je ne sais rien de lui.* + Infinitif : *Tu sais nager ?* que / où, si... + Indicatif : *Je sais que tu fais bien la cuisine. Je ne sais pas où ils sont.*
SEMBLER	+ Infinitif : *Elle semble les connaître.* + adjectif : *Tu sembles fatigué.* Impersonnel : *Il (me) semble que* + Subjonctif / Indicatif : *Il semble que le vent soit plus fort. Il me semble qu'on s'est déjà vu.*
SENTIR	qqch / adjectif : *Ça sent le brûlé. Ça sent bon.* que + Indicatif : *Je sens que tu t'ennuies.*
SERVIR	à qqch / qq. : *Ça ne sert à rien.* à + Infinitif : *Ça sert à se protéger du soleil.* de qqch : *Ça sert de paravent.*
SE SERVIR	de qqch : *Il se sert de notre voiture.*
SORTIR	de quelque part : *Il sort de la pièce / du théâtre. qqch de quelque part : Il a sorti un billet de sa poche.* + Infinitif : *Je sors acheter des croissants.*

SOUHAITER	qqch *(un anniversaire)* ; qqch à à qq. ; + Infinitif : *Elle souhaite te rencontrer.* à qq. de + Infinitif : *Je te souhaite de réussir.* que + Subjonctif : *Je souhaite que tu sois sélectionné.*
SOUPÇONNER	qq. ; qq. de qqch ; qq. de + Infinitif : *Je le soupçonne de ne pas tout nous dire.*
SOUTENIR	qqch / qq. *(une cause)* ; à qq. que + Indicatif : *Je te soutiens qu'ils sont capables de gagner.*
SE SOUVENIR	de qqch *(de sa visite)* ; que + Indicatif : *Je me souviens que tu avais 10 ans.* de + Infinitif : *Tu te souviens de les avoir rencontrés ?*
SUFFIRE	à qq. : *Ça nous suffit.* Impersonnel : de + Infinitif : *Il suffit de demander un formulaire.* que + Subjonctif : *Il suffit que vous nous écriviez.*
SUGGÉRER	qqch *(une solution)* ; que + Subjonctif : *Je suggère que tu leur écrives.* à quelqu'un de + Infinitif.
SUPPOSER	qqch ; que + Indicatif : *Je suppose qu'il est arrivé.* Impératif que + Subjonctif : *Suppose qu'il vienne...*
TÉLÉPHONER	à qq. ; à qq. que + Indicatif : *Je lui ai téléphoné que nous étions arrivés.* à qq. de + Infinitif : *Ils nous ont téléphoné de venir.*
TENIR	qqch *(la rampe)* ; à qqch *(à sa liberté)* ; à + Infinitif : *Il tient à participer.* à ce que + Subjonctif : *Elle tient à ce que tu sois mis au courant.*
SE TROMPER	de qqch / qq. *(de chemin, de personne).*
TROUVER	qqch *(une solution)* ; que / où / comment... + Indicatif : *Je trouve qu'il exagère.* *Je n'ai pas trouvé où laisser les bagages.*
VALOIR	*la peine / le coup de* + Infinitif / que + Subjonctif *(de venir)* : *Ça vaut la peine* *que tu viennes.*
VALOIR MIEUX	Impersonnel + Infinitif : *Il vaut mieux écrire.* que + Subjonctif *(que tu écrives).*
VENIR	de quelque part *(de loin)* ; + Infinitif : *Viens voir ce que j'ai trouvé.* de + Infinitif : *Il vient de partir.*
VÉRIFIER	qqch *(des papiers).* que / si / où... + Indicatif : *Tu as vérifié qu'il restait* *des places ? Vérifie si tu as de la monnaie.*
VOIR	qqch / qq. *(un film. un spectacle).* que + Indicatif : *Je vois que ça ne te plaît pas.* qq. + Infinitif : *Elle n'a pas vu la voiture arriver.*
VOULOIR	qqch / qq. *(un sandwich ; un vendeur)* ; + Infinitif : *Il veut payer.* que + Subjonctif : *Je voudrais que vous m'aidiez.*

INDEX

Imprimé en Italie par Rotolito
Dépôt légal 64099 - 01/2006 - Collection : 06 - Edition : 03
15/5086/2